僕らのニュースルーム革命

僕がテレビを変える、僕らがニュースを変える

堀 潤

GENTOSHA

まえがき

２０１３年４月１日、午後６時30分。アナウンサーだった僕は、12年間勤めたＮＨＫを退職した。

そうするに至った経緯や判断は様々にあるが、大きな契機になったのが、２０１１年３月11日の東日本大震災で起きた原発事故の報道の仕方をめぐって、上層部と衝突を繰り返すようになったことだ。

一つの象徴的なエピソードとして、２０１２年３月、当時の僕が発信の足場として使っていたTwitterアカウント「@nhk_HORIJUN」が、上層部からの命令によって閉鎖に追い込まれたことがある。その理由は実は「国会議員からクレームがきたから」という、権力をチェックすべき報道機関としてあるまじきものだったのだが、このアカウント自体は僕の出演番組の公式アカウントという位置づけだったため、組織に所属する立場では会社の内規に従うしかなかった。

この時、現場のディレクターやプロデューサーたちが裏でアカウントの継続に向けて、随分動き回ってくれた。

もし、筆者がアカウントを閉鎖した後、改めて自分でまったく同じように顔や肩書きを明らかにしてTwitterアカウントを立ち上げ直した場合、また上司からは消すように言われることになってしまうのか？　同僚たちはそれを確かめるためNHKの企業弁護士に相談した。するとその弁護士からはこんな答えが返ってきたという。

「表現の自由は憲法で保障されていて会社の内規に勝ります」

この言葉に背中を押してもらい、僕は@nhk_HORIJUNを閉鎖したのち、ただちに個人アカウント「@8bit_HORIJUN」を立ち上げ直して、今日に至る。さらにNHKを退職後は、批評家で友人の宇野常寛氏をはじめ、同僚や友人たち、そして妻や家族が、筆者が表現を続けられる場を確保するのに奔走してくれた。

けれども周知のように、2013年7月21日、参議院選挙で自民党が大勝し、およそ6年間続いたねじれ国会が解消された。選挙運動期間中、憲法改正や原発、TPP、消費税増税など事前にあがっていた争点について与党候補からは積極的な発言はなく、国民的議論もないまま、政治の安定と経済政策への期待感を全面に打ち出した自民党は票集めに成功し、国民は次の国政選挙までの数年間にわたるフリーパスを与党に与えた。重要な法案が今後次々と可決成立していくことになろう。

自民党の憲法改正草案を、皆さんはご覧になったことがあるだろうか。今回の選挙戦で大手メディアは、改憲手続きの緩和を掲げた96条の改正と、国防軍の創設を明記した9条の改正について取り上げるケースが目立った。

しかし、僕が懸念したのはそこではない。現行憲法で基本的人権を保障した「公共の福祉に反しない限り」という条文が、自民党改憲案では「公益及び公の秩序に反しない限り」にすり替わり、国家や政権政党に逆らう者、都合の悪い者は「公益及び公の秩序に反した」という名目で、一切の権利を剝奪しても合憲になりかねない内容に書き換えられていることだ。

また、21条の表現の自由の条文に「公益及び公の秩序を害することを目的とした活動を行い、並びにそれを目的として結社をすることは、認められない」と、お上に都合が悪い言論の一切を潰せる条文も追加されている。

そのような改悪が容易に実現することはないだろうと信じたいが、これが万が一にも現実のものとなれば、かつて僕が組織の論理から離れることで辛うじて確保した発信の最低限の根拠さえ、奪われることにもなりかねない。

表現の自由が保障され、情報が公開され、共有される社会であることは、民主主義国家の血流だ。発信や受信の自由に制限がかかる社会であってはならない。

今こそメディアに関わる大勢の人々が原点を見つめ直し、自らの職に誠実になる時だ。自戒を込めて、そう思う。

しかしながら、そうした原則論を叫ぶだけでは、NHKをはじめ旧来の組織体制に縛られたジャーナリズムの世界は、おそらく何も変わらないだろう。

これからの政治や社会の変化を見据え、新たなテクノロジーを駆使した市民自身の手によるニュースメディアを、テレビや新聞といった旧来の大手メディアの枠組みの外に、これまでになかったかたちで打ち立てる。そしてプロとアマチュアが協業し、責任を持って発信する21世紀型のニュースルームのモデルを築き上げることで、旧メディアの側にも否応なく改革を促していく。

そんな状況を、まずはとにかくつくってみせることこそが、時の政権の都合で歴史を後戻りさせず、自由な発信を止めさせないための、最も確実な手立てなのではないだろうか。

本書は、その実現を目指すためのマニフェストだ。現在インターネットを拠点にして手弁当で立ち上げた市民投稿型の映像ニュースサイト「8bitNews」の実践とともに、この国のジャーナリズムを変えていくための僕なりの方法論をここに説き、世に問うていきたい。

第1章では、NHK在籍時の僕が8bitNewsの活動を始めるに至った経緯とその理念、これまでの試行錯誤の成果などを報告しつつ、日本における市民発信型のニュースメディアの現状とその課題を浮き彫りにする。

第2章では、さらに大きな歴史的視点から日本の報道メディアの問題を捉え直しつつ、世界のニュースメディア革命の最前線を概観。これからのメディアが目指すべきパブリックアクセスとオープンジャーナリズムの理念と実現形態を、具体的に考えていく。

第3章では、最先端のメディアテクノロジーを踏まえながら、僕たちが今後8bitNewsで本格展開していく予定のプロジェクトの概要を記し、テレビとネットが融合する新たなニュースメディアの未来を展望する。

もう発信は止まらない。

僕らのニュースルーム革命を、始めよう。

僕らのニュースルーム革命　目次

2 発信を開始した個人と「8bitNews」の立ち上げ

3 β版の運用で見えてきた市民発信の成果と課題

第2章　メディアの民主化が始まる！

ブックデザイン　平川彰（幻冬舎デザイン室）
カバー写真　田村昌裕（freaks）
本文写真　堀潤
編集協力　中川大地
DTP　美創

第1章

発信者の時代がやってきた！

1 3・11から始まったネット主導型のニュースメディア革命

東日本大震災で垣間見えたマスコミ報道の限界

すべての始まりは、2011年3月11日。東日本大震災での報道制作の現場で、僕がNHKの報道関係者として味わった限界にある。

震災発生当時、特に原発事故の報道では、「パニックを引き起こさないよう慎重な安全運転を」という号令のもと、NHKでは「100%裏が取れないものは放送できない」という平時のルールに則った報道を徹底していた。原発の状況がどうなっているのかの分析は、大学教授など限られた専門家の判断に委ねられ、「メルトダウンという言葉は使わず、炉心溶融で統一」などと、スタジオで使う文言一つ一つも政府や電力会社の発表文に沿うかたちで極めてデリケートに扱われた。

その結果、どうしても安全を強調する方向に聞こえる慎重な解説が続き、事態を過小評価しているのではないかという多くの視聴者の不信を招くこととなった。音楽評論家のピーター・バラカンさんが司会を務めるラジオ番組に出演した際にも、ピーターさんは東京電力福島第一原発の事故発生後しばらくのテレビ報道について「本当のことを言っていないのではないか」という疑問やもどかしさを感じていたと口にし、NHKの舞台裏で何が起きていたのかを率直に尋ねられたりもした。

実際、僕のもとにもかつて取材をした東京電力の協力会社で働く社員から「事態は報道されている内容よりも深刻だ」という連絡が入っていたのだが、放送に活かすことはできなかったのだ。

とりわけ放射性物質の拡散に関する情報は、まるで腫れ物に触るように扱われた。そんな難しい状況の中で、NHK EテレのETV特集取材班は、事故直後から専門家とともに警戒区域内に入り、独自の取材で高濃度の放射能に汚染された地域が広がっている事実を突き止め、「放射能汚染地図」という番組を作成した。

しかしニュースではなくドキュメンタリーとしての扱いだったため、放送されたのは5月15日になってからだった。この時点で既に事故から2カ月が経っており、「もっと早く教えてもらえれば被曝を避けられた」という声を、何人もの福島県の方々から聞いた。

それに対してインターネット上では、ドイツの気象台が分析した放射性物質の拡散状況や、アメリカ政府が福島第一原発から80キロ圏内のアメリカ人に退避命令を出した、などという情報がいち早く伝えられ、日本のテレビが報じるよりも深刻な原子力災害であるという認識をネットユーザーに印象づけていた。

後日、東京電力がインターネットで公開した、震災直後から数日間のテレビ会議中継の様子を検証すると、格納容器の圧力上昇を抑えるためのベントによって高濃度の放射性物質が相馬郡にまで拡散する予測が即座に公表されなかったり、原子炉そのものの閉じ込め機能が損なわれている可能性が高いという分析結果が政府の指示のもと隠されたりと、情報発信の在り方には大きな課題を残したということがよくわかる。

慎重すぎるフィルタリングのためにかえって不信を招いたテレビの硬直性と、玉石混交ながら現場からの一次情報発信も含まれていたネットとの乖離。その大きな溝を痛感する中で、僕の中には、むしろ緊急時にも放送局の方針とは独立したかたちで別角度の検証や多様性のある発信を可能にする場を設けることはできないかという思いが芽生えていった。

立場や見解の異なる専門家による指摘や、一次情報を持った個人による情報発信などが柔軟に行える番組やメディアを、この震災の経験からつくっていくべきなのではないだろうか、と。

市民と専門家が協業するプロジェクトへ

そこで僕は、友人の批評家・宇野常寛氏や、インターネットを媒介にしたSNS（ソーシャルネットワーキングサービス）を通じて出会った仲間との議論の中で、一つの試験的なプロジェクトを着想した。

誰もが自ら撮影した動画を投稿できる、市民投稿型の映像ニュースサイトである。政治、社会、国際、エンターテインメントなどのテーマに沿って撮影者本人が動画をアップロードし、現場の詳しい説明やレポートを文字にして添えることができる。閲覧者が互いの意見をオープンな場で議論するための場もある。

ただしそれだけではなく、発信を望む一般の人々に対して、僕のような職業メディア人たちが、取材方法や撮影、編集方法などを投稿者にアドバイスしながら一緒にニュース動画をつくっていく。そんな協業型の、新しい報道メディアのかたちだ。

これまでにも市民メディアの確立を掲げた投稿型ニュースサイト等の試みはあるに

はあったが、本格的に職業メディア人と一般の人々が協業して取材を行うサイトは見当たらなかった。その点、まがりなりにもＮＨＫという職場で12年間報道映像の現場に携わってきた自分のノウハウや人脈を活かしていけば、これまでに無かったメディアが実現できるかもしれない。

そんな思いで声をかけていったところ、プロジェクトには発起人である僕以外に、ＮＨＫをはじめとするテレビ局で働くディレクターやカメラマン、編集マン、出版社の編集者、映画監督、ウェブデザイナーなど、メディアの内側で働く仲間たちも参加してくれた。

改めて考えてみれば、グーテンベルクの活版印刷の発明以来、人々が手に入れた情報メディアによる強力な発信力は、個人と個人を繋ぎ、そして革命を起こした。清教

8bitNewsは2012年6月15日にスタート。

徒革命、アメリカ独立革命、フランス革命。メディアを通じたパーソナルな連帯によって市民が自らの手で社会を変え、さらなる自由な発信の権利を勝ち取ってきたはずだった。

ところが、19世紀後半以降、国民国家や資本主義社会の拡大により、メディアもまた商業主義的な媒体として急激に肥大して権力と化してしまった。市民はいつの間にか「情報の発信者」から「情報の受け手」になっていた。実は20世紀のメディアでは、そんな歴史の後退が起こっていたのではないだろうか。

しかし、20世紀末から本格的に普及を始めたインターネットや、その上に築かれたSNSの登場によって、21世紀現在では、再び市民が情報発信者としての当然の権利を行使できる環境が整いつつある。つまり、既存のマスメディアによって濾過された情報とは対極の、誰もが一次情報の発信者になりうる技術的なイン

ロゴもボランティアスタッフの手でつくられた。

フラ自体は、ＰＣ（パーソナルコンピューター）やスマートフォンの普及によって既に備わっているのだ。

そもそも現在のＰＣやインターネットそのものが、国家機関が軍事や原子力のために独占していたＩＴ（情報技術）を、その内外にいた研究者たちが個人の自由な情報発信や創造のために開放しようという理念と実践によって生まれたものだ。

だから後は、ＩＴインフラの新しい革袋にふさわしく、一部の専門機関が独占していた報道メディアのノウハウやルールを一般の人々に開放し、新しい酒として注ぎさえすればいい。

その運び手の役割を、僕たちならば果たせるのかもしれない。

そして一般の人たちが自らメディアに参画することにより、社会問題に対して考え行動する機会が増え、一人一人の当事者性が高まり、日本に成熟した市民社会をもたらす原動力になるのではないか。

そんな歴史的な役割を意識しながら、プロジェクトは水面下で始動した。

2 発信を開始した個人と「8bitNews」の立ち上げ

震災1年後の福島での邂逅

震災による東京電力福島第一原発の事故から、1年あまりが過ぎた2012年5月。JR福島駅前の広場で、大きなリュックサックを背負った一人の男性が佇んで、足早に歩くこちらに視線を送っていることに気がついた。

見た目は30代から40代前半くらい。髪は短く刈り込まれ、顔は日に焼けて褐色に染まり、印象的なぎょろりとした目が、まっすぐに僕を見つめていた。

ひょっとしたらと思い、こちらから歩み寄り、声をかけた。

「今日のオフ会に参加される方ですか?」

そう尋ねると、男性は照れくさかったのか、頭をかきながらややぶっきらぼうに「そうです。ちょっと早く着いたもので、どうしようかと思っていたら、堀さんらしい人が歩いてきたので……」と返ってきた。

当時の僕は、NHKの派遣制度を利用し、翌月からアメリカのUCLA（カリフォルニア大学ロサンゼルス校）に留学するため、準備期間として4月からまるまる2カ月間の有給休暇を取得している最中だった。

同時に前節で述べたプロジェクトの準備もあって、SNSを使った個人としての発信に力を入れていたので、それまでTwitterやFacebookでやりとりを続けてきた全国の人たちと直接会って、放送や報道の在り方について率直に意見を聞いてみたいと関東や関西、そして東北の各地で、オフ会と称したイベントを開いてまわっていた。

Twitterでは、10万人近い人たちが常に僕の書き込みを見られるようにフォローしてくれていたが、多くが顔の見えない匿名の繋がりばかり。ネットの参加者はどのようなバックグラウンドを持った人たちなのだろうと日頃から興味も持っていた。なので、逆に「会いたい」とお呼びがかかればなるべく顔を出して、直接対面して意見を交換することにしていた。

そうした中、僕のことをTwitterでフォローしてくれていた福島市在住のご夫婦がオフ会を企画し、市内中心部の公民館の会議室を借りて、原発事故後の福島の現状やメディアの報道姿勢などについて地元の皆さんと意見交換する機会を設けてくれた。

県内に住む人たちを中心におよそ30人から参加の申し出があった。

福島県には、特別な思いを抱いてきた。震災や原発事故が起きるちょうど2週間前に、地元の一次産業に携わる人々と地方銀行が一緒になって農産物のブランド化を進める取り組みを取材したばかりだった。

福島県は、関東の食料基地などと呼ばれるほど、安価で多様な農産物を大手流通を通じて安定的に関東地方に供給し続けてきた。ただ、TPPをはじめとした本格的な自由貿易時代が到来すると、いよいよ外国産の安い農産物に押され生業として成り立たなくなるのではないかとの危機感がつのっていた。そこで、銀行側がコンサルタント役となり、農産物に付加価値を与えブランド力をつけて、東京や大阪の有名レストランや高級ホテルなどに積極的に売り込むという取り組みを始めていた。農薬を抑え丁寧に栽培されたアスパラガスやホウレンソウなどの野菜、磐梯山から流れる澄んだ甘い水を使ってつくられる米や地酒など、農家を一軒一軒まわると生産者の皆さんが「堀さん、これは、最高だろう！」と自信と誇りを持って、食べさせてくれた。

しかし、原発事故で、それは一変した。自分が取材をして交流を深めた農家の人たちが事故による放射能被害や風評被害に苦しんでいた。不条理な出来事に悔しさがこみ上げた。そうした中、この苦境をどう乗り越えるのか、皆で話し合い建設的な意見を出し合いたいと思い、オフ会を開くことになった。

東京都内は梅雨を前に蒸し暑い日が続いていたが、福島市内はスーツとワイシャツ1枚ではまだ肌寒く、これではコートが必要だったななどと悔やみながら駆け足で駅から現場に向かった。

男性の視線を感じたのは、まさにその時だった。

彼は黒いTシャツにカーキ色のジャケットを羽織り、頭の丈を少し越えるくらいの大きなリュックサックを背負っていた。いわゆるバックパッカーのようないでたちだ。県外からの参加者なのだろうかと思い「随分大きな荷物ですね？　どちらからいらしたのですか？」と背中を覗き込みながら聞くと、男性はニヤリと白い歯を見せ、こう言った。

「長野県からです。アパートを解約して荷物をまとめて福島に来ました。会社を辞めて原発作業員として働くためです」

随分思いきったことをする人だと興味がわいた。オフ会の開始時刻まではまだ40分ほど余裕があったので、男性と二人で近くの喫茶店に入り、コーヒーを飲みながら詳しく話を聞いた。

一般市民による発信の始動——原発作業員・林哲哉さんとの協業

林哲哉さん。40歳。長野県で内装や建設関係の仕事を続けた後、自動車関連の会社で営業マンとして働いた。顧客のニーズと会社の経営方針が必ずしも噛み合わないサラリーマン生活。利益を追求するのか、それとも顧客の目線で目先の利益を削ってでも期待に応えるのか、主張すると周りから叩かれ、黙っていると自分に嘘をついているのではと苛まれる。そんな組織人としてのジレンマを感じ始めた頃、原発事故が起きた。

1年が経っても、なかなか進まない被災者への補償。総理大臣が冷温停止状態と宣言しながらもトラブルが絶えない原発の収束作業。事故後の政府や東京電力の対応は、自分が会社で働く日常の中で感じてきたジレンマや違和感に通じるものがあったという。

誰の目線で仕事をしているのか？　被災した人たちの立場に立った政策がとられているのか？　情報公開も徹底されず、自分たち一般人は、原発事故の収束作業がどの程度まで進んでいるのかも正確なところがよくわからない。

「テレビや新聞を見ていても、現場の実態がよくわからないんです。第一原発の中で、今、何が起きているのか。もはや、自分で確かめに行くしかないと思いました」

林さんは、春に会社を辞め、携帯電話の求人サイトで見つけた原発作業員の募集告知に思いきって応募することにした。家族や恋人からは心配もされた。高い放射線量に身をさらされ一体どうなってしまうのか、自分自身も正直なところ、恐怖を感じているという。

しかし、それでも作業員として内部の様子を直に確認して、情報を求める一般の多くの人たちに伝えたいという思いを強くしていた。そんなおりに、Twitterを通じて福島でのオフ会を知り、わざわざ会いにきてくれたという。

「確か堀さんは、一般の人が発信するのを支援するプロジェクトを進めているとつぶやいていましたよね？　その中で、自分が作業員として見てきたことを発信できないでしょうか」

思いもかけない申し出だった。

僕たちが進めていたプロジェクトは、当時はまだ活動の受け皿となるインターネットのサイトの制作に着手したばかりで、完成は1カ月後の6月中旬を目指していた。まだそんな状態でも僕たちの試みの意図を正確に理解して手を挙げてくれたことに加え、「原発の内側で何が起きているのか、多くの人に発信したい」と、会社を辞めてまでも原発に行くという林さんの言葉は、僕の胸に突き刺さった。

これこそまさに、一般の方と専門技術者が協業する新しい報道の、第1号にふさわしい試みだ。

「お手伝いするので、一緒に取材活動を進めてみましょう」

福島でのオフ会を終え、林さんとはその後も東京で打ち合わせをした。

今まで、まったく取材をしたことがないという林さんに、現場で起きている事実を記録することの大切さを伝えた。やりとりされる会話や出てきた数字などは必ずメモをとったり映像に残したりして記録すること。どこで、誰が、いつ、何をしていたのか、いわゆる5W1Hに沿って、毎日、起きていることを日記帳にまとめることを提案した。手に入れた資料も手元に残しておくことも伝えた。

そうしたやりとりの中で、林さんから、放射線測定器や記録用の小型カメラを買った方がよいかと相談を受け、福島に入る前に、秋葉原などで調達することを勧めた。

放射線に限らず、手元の測定器で身の回りの現象をいちいち数値化して残していくことは大切だ。後々になって記録を検証していく上での大切な資料になる。数字が記録されていれば、状況の変化を振り返ったり将来の予測を科学的に行ったりと、情報の時間軸にも奥行きが出る。

さらに、公の機関に電話をかけるなどして、ベーシックな情報を直接確認する作業も必要だ。林さんも、事前に環境省など役所に電話をして、原発作業員の放射線管理の基準や労働環境などについて、基本情報を直接聞き取っていた。

記者クラブに所属している記者でなくても、ある程度の質問には役所側も対応してくれる。こうやって、一つ一つ職業メディア人たちが、自分たちの経験を積み上げていく中で培ってきた知識や技術を一般の皆と共有することがとても大切だ。取材のイロハを知った上で、物事を伝えるのとそうでないのとでは、情報の純度が結果的に大きく異なってくる。データや正確な記録に裏打ちされない情報は、単なる憶測や思い込みに繋がってしまい、価値を持たない。

こうした事前準備の中で、林さんも現場で何を伝え、何を改善するべきなのか、より明確にイメージするようになった。

「原発事故が収束するまで、今後も長い時間がかかることは明らかです。今、生まれた子供たちが、将来大人になり20、30年後も原発事故の収束作業に駆り出されているかもしれません。未来の子供のためにも、作業員の労働環境が少しでも改善されるよう、内部の実態を明らかにしていきたいです」

林さんは、よく晴れた日の代々木公園のベンチに座って空に目をやりながらそう語った。

それからおよそ1週間後の6月はじめ、僕はアメリカに渡り、林さんはいよいよ現場で作業をするため福島県に向かった。

「8bitNews」β版のスタート

そしてほぼ同時期の2012年6月15日、僕たちが水面下で進めてきた市民投稿型ニュースサイトのプロジェクトは、「8bitNews」というタイトルにて、β版としてオープンするに至った。既存メディアや大企業などの支援を一切受けず、FacebookやTwitterでの呼びかけで集まった仲間たちが主にオンラインでやりとりをしながら、それぞれ手弁当で制作したサイトだ。

具体的なサイトの実装には、Twitterの呼びかけでプロジェクトを知ったフリーランスのプログラマーが、寝る間も惜しんで急ピッチでシステムを組んでくれた。サーバーを自前で持つ資金はないので、映像はYouTubeに一旦投稿してもらうシステムにした。投稿者の資格検定は、Facebookを使って個人を認証する仕組みにしてこちらもコストを下げた。コアメンバーは5人。ITやデザイン、法律、医療など専門分野を持ったボランティアスタッフがおよそ80人。活動への賛同者として集い、そして発信者として参加したいというメンバー300人でスタートした。

「8bitNews」の名前は、1985年のある出来事に由来する。

1985年といえば、日本がバブル経済に突入する転機となった年だ。「プラザ合意」により急激な円高不況が叫ばれ中小企業が倒産。大手企業は安い労働力を求めて海外進出に踏み切った。中曽根内閣は国内消費喚起のため、法人税や所得税減税を決定。電電・専売の二大公社の民営化に着手し、企業活動の活性化を目指した。

一方、急速な円高に対応するため日銀は低金利政策を断行。減税策と相まって調達しやすくなった資金は株式や不動産へ大量に流入するようになる。財テクという言葉がもてはやされ、サラリーマンも資産運用に夢中になった。我が家の食卓でもＮＴＴ株を買うかどうかが話題になった。「山手線の内側だけで、アメリカ全土が買える」とも言われた異常な地価の高騰は、まさにバブル経済の象徴となった。

そしてこの年、テレビ史上に残る伝説的な番組が最終回を迎える。ザ・ドリフターズの「８時だヨ！　全員集合」。最高瞬間視聴率が50％を超えたお化け番組だ。土曜夜８時になると、家族全員がコタツに入って大笑いするというテレビ文化が日本にはあった。

この番組の終了以降、こうしたお茶の間文化は衰退の一途をたどる。大きな物語は力を持たなくなり、日々の経済活動に忙殺されるようになった。集合から個の時代へ、社会構造も大きく変化していく。

そうした中、多くの子供たちを熱中の渦に巻き込み、テレビの前に結集させたのが、ファミコンソフトの「スーパーマリオブラザーズ」だ。

少年少女は８ｂｉｔのマイコンチップで構築されたゲームの世界に、一方的に与えられるだけのテレビ番組にはない新鮮な驚きを感じて夢中になった。

あれから約30年。あの時子供だったファミコン世代は、社会の中核を支える存在になった。インターネットが発達し、ウェブ上では思想・信条や趣味や関心によって結びつけられた小さなコミュニティが各所で形成されるようになった。

「集まれば強くなれる」

宇野常寛氏が「今、最も機能するのは、インターネット上の優良なコミュニティとそこに参加する人々が実際に集うための受け皿となる大きな箱だ」と述べるとおり、SNSなどの動員力は加速し、現実社会においても非常に大きな実行力を持つようになった。

コンピューターの扱うデータの最小単位bitによってネットコミュニティが築かれているように、社会の最小単位「個人」の発信を支援したい。その集合した力によって日本に変革をもたらすことを願い、ファミコン世代を中核とする僕たちは、このサイトを「8bitNews」と名づけたのだ。

8bit世代は社会を変える。バブル崩壊後の分散型社会の中で育った若者たちは、不信、不安や疑心暗鬼の時代をくぐり抜ける中で、個の力よりも集合によって得られる力の強さに希望を見いだすことができるはずだ、と。

一つのつぶやきからの感染——会社員・中田絵美さんの決断

サイトが完成したその日、僕はアメリカで開かれるメディア関連の世界会議に参加するため、サンフランシスコのモーテルにいた。

PCを眺めていると、Facebook にメッセージが届いた。5月に東京で開いたオフ会に参加してくれた会社員の女性からだった。彼女は震災後の日本の状況を見て「何か自分も社会に貢献しなければ」と使命感に燃えていたのだが、「具体的に何をやればよいのか正直よくわからない」という相談を、僕は受けていた。

届いたメッセージには「総理大臣官邸前で、大飯原発の再稼働に反対するデモが開かれると聞いたので行ってみようと思うのですが、動画を撮ろうかどうか迷っています」という内容が書かれていた。

国際電話で直接話をすることにした。

中田絵美さん。都内の会社で事務などをして働いている会社員の女性だ。3月11日の震災や原発事故を機に、社会で起きている様々な問題に対して関心を深めるようになったという。そして「堀さんの言葉に刺激を受けました」と、僕が以前に発した一つのつぶやきが彼女に強い印象を与えたことを教えてくれた。
その Twitter での発言は、こんな内容だった。

〝国や組織に期待してはだめだ。もうだめだ。僕らで動こう。僕らで考えよう。僕らでこの国を変えよう。だって僕らの国なんだからさ。誰かに任せるのはもうやめよう。僕らは皆仲間だ。ここでこうして繋がっている皆は、何かに気が付いたからこうして繋がっている。だから、僕らが動こう。〟

これは僕が司会を担当したＮＨＫ Ｅテレの討論番組「新世代が解く！ニッポンのジレンマ」の初めての収録が終わった直後につぶやいたもの。この番組は１９７０年以降に生まれ、バブル崩壊後の社会で育った世代だけを集めた討論番組で、皆で６時間にわたって「格差」について議論した。貧富、教育、男女、国籍、様々な分野での格差が引き起こす課題を解決するためには、まずは自分自身がアイデアを実行していくしかない、という結論に達した。
実行してモデルケースをつくって、国や自治体に呼びかけを行う。ソーシャルネットワークなども駆使しながら、繋がり合い、仲間を増やし、賛同者を増やし、文句を言う前にまずはやってみることが大切だと12人の論者全員が方向性を共有し合った。

当事者性が求められる時代だ。人のせいにして批判だけしていても何も前に進まない。民主主義の参加者である一人一人が、自分が動かなければ社会は前進しない、そう思って知恵を出し合い、支え合えれば社会問題の解決にかかる時間が短縮できる。

そうした番組のメッセージを、Twitterでの発言に込めた。瞬く間に5000人を超える人たちが、リツイートして内容を共有し合い、インターネット上に広まっていった。

なお、発信から数週間後、上司から呼び出され「発言内容について、国会議員からクレームがついた。君は、国家を転覆させようとしているのか?」と、発言の真意を問い質された。随分、見当違いなことを言うもんだなと、当時は苦笑いしたものだ。

大飯原発再稼働反対デモの撮影——1本の動画がジャーナリズムを変えた日

中田さんは、これまでデモなどには参加したことがなかったという。どんな現場なのか。カメラをいきなり回して怒られたりはしないのか。どんなカメラを使って、何を撮影すればよいのか。何を伝えればよいのか。自信なさげに電話口で彼女は僕に疑問をぶつけた。

「今回は、何も考えずに、淡々と映像で起きていることを記録してみるところから始めてみましょうか」

僕はそうアドバイスした。特別なカメラなどは必要ありません、スマートフォンでもいいですよ、と伝えると「普段写真を撮っているコンパクトカメラを持っているので、それでチャレンジしてみます」と短くやりとりして電話を切った。

当時、総理大臣官邸前で原発の再稼働に反対する人たちが「Twitter を使ってデモを呼びかけているのは知っていた。しかし、いわゆる「プロ市民」と呼ばれる活動家主体のデモが行われるのかと想像し、メディア取材はあまり入らないだろうなと考えていた。

数時間後、中田さんから改めて Facebook にメッセージが入った。

「ものすごい数の人です。地下鉄の駅から官邸前に繋がる道が人で埋まっています」

官邸前で一体何が起きているのか？　サンフランシスコのモーテルの一室から、SNSの中で行われているやりとりを覗いた。

現場の写真などがアップされ始め、若い女性や、ネクタイを締めた会社員など、一見すると一般の人々がデモに参加している様子がうかがえた。これまでにない規模で人々が集まっていた。Twitterのタイムラインはやや興奮した口調でデモの現場の様子を伝えるものが目立った。

しかし、予想したとおり、その日の夜の地上波テレビニュースでデモの様子が取り上げられた気配はなかった。ロイター通信が海外向けに報じ、朝日新聞が囲み記事で報じた以外は、原発問題に注力している東京新聞でさえ「人のやりくりができなかった」という理由で現場に記者を派遣していなかった。

ロイター通信や朝日新聞の報道によると、主催者発表で1万人以上の人々が官邸前に集まったという。

「何故、日本のメディアは官邸前のデモを報じないんだ?」

そうした声がネット上のあちらこちらから聞こえ始めていた。

「今、YouTubeにアップロードしています。うまく撮れているかわからないですけど」

中田さんから連絡がきたのは、日付が変わった頃だった。持っていった自分のカメラの充電が切れていて困っていたら、たまたま現場にいた知人がコンパクトデジタルカメラを貸してくれたという。

YouTubeを経由して、8bitNewsに彼女の動画がアップロードされた。およそ5分間の短い動画だ。総理大臣官邸前の路上で、スーツを着た男性がマイクを持って叫んでいる。会社帰りだという。その周りをTシャツやポロシャツ姿の若者たちがぐるりと囲んでいる。

再稼働反対、というかけ声が始まると、カメラが動き出した。歩道に列ができて官邸周辺をぐるりと取り囲んでいるようだ。長い列が続いていた。テレビ局のハイビジョンカメラに比べるとやや粗い画質の動画だったが、人々の表情や声をしっかりと記録していた。参加者は老若男女様々だった。特別な人たちが集まっているという印象は受けなかった。再稼働反対、と口々に叫んでいた。

そうした声に交じって、嗚咽が聞こえてきた。撮影者の中田さんが泣いていた。嗚咽は段々と大きな泣き声に変わり、気がつくと一緒に再稼働反対と泣きながら彼女も叫んでいた。

〝動画見ました。感動しました〟
〝気になっていたので映像が見られてよかったです〟
〝参加している人が普通の人たちで、自分も行かなきゃと思いました〟
〝海外から見ています〟

動画がアップロードされると、徐々にコメントが寄せられ始めた。はじめは2、3回だった再生回数を示すカウンターが、次々と更新されていった。どんどん伸びる。1時間あまりで、1万回に迫った。気がつくと、動画に英訳の説明文が添えられていた。中田さんから連絡が来た。

「動画を見ていた方が海外にも届けたいといって、ボランティアで英訳をつけてくれたみたいです」

再生回数はさらに伸びた。テレビ局が取材に来ていなかったので、映像素材があまりない中、中田さんの動画はSNSを通じてネット上で話題になっていた。ヨーロッパやアメリカからのアクセスが急激に伸びていた。震災後の日本の映像資料は世界から見ても貴重だった。何故なら元々日本から発信される映像は限定的で量が少なかったからだ。

気がつくと、再生回数は数日の間で10万回を超えようとしていた。

「私、ただの会社員なのに、そんなすごいことをしたんでしょうか」

中田さんの電話の声も高揚していた。個人発信の時代だと、実感した。高画質で技術的に完成された映像ではないものの、現場そのものの映像は瞬く間にSNSを媒介に世界中に届いた。後に80カ国以上からアクセスがあったことがわかった。翌週のデモから、新聞、テレビ各社が取材に来るようになった。

「現場の当事者が自分の力で事実を報道することが可能になった——」

思わず部屋でそうつぶやいた。個人が発信して社会を動かす時代に違いない、そう思ってサイトを立ち上げたものの、半信半疑なところもあった。一般の人が一体、何を発信するというのだろうと。

しかし、この瞬間、想像は確信に変わった。ジャーナリズムの在り方が変わろうとしているのだと。

衝撃的な原発作業の現場の実態

福島に入った林さんからFacebookを通じて連絡が来たのは、6月下旬にさしかかった頃だった。

「現場はデタラメなことばかりですよ」

メッセージに1枚の写真が添えられていた。履歴書の写真だ。「働いたこともない会社の名前が勝手に書き込まれています」と、説明が添えてあった。どういうことだろうと思い、すぐに返事を送り、インターネットを使ったテレビ電話、Skypeを繋いで、福島とロサンゼルスを結んで詳しい事情を聞いた。

林さんが長野県にいる時に携帯電話の求人サイトを通じて申し込んだ相手は、下請けの下請けのような個人事業主だった。林さんと同じように携帯電話などから申し込んだ人たちが、まずはいわき市内の安い温泉旅館に集められた。九州や四国、関西など幅広い地域から労働者が集められていた。10代の若者たちも2、3人含まれていたという。そのほとんどが、原発で働いたことのない初心者ばかりだ。

仕事は、個人事業主に連れられて、元請けと言われる発注元で説明を受けるところから始まった。一カ所挨拶をしたら、さらにその元請けの事務所に挨拶をする。経営者による説明会のあと、元請けに対して一人一人が契約を結ぶ。下請け企業の担当者から、事前に、履歴書の見本のようなものを渡されたという。中身を確認すると、自分の名前や生年月日が既に記入されており、さらに職歴欄には見知らぬ企業の名前が書き込まれていた。

担当者から「この見本のとおりに履歴書を書いて元請けに提出してほしい」と指示されたという。写真で送られてきた履歴書は、まさに最初に渡された、経歴詐称の見本の紙だという。

林さんだけではなく、現場にいたその他の十数名にも同じように、偽の職歴が手渡された。皆、これは不正ではないかと思ったが、そういうものなのだろう、と現場では誰も異を唱えなかったという。下請けの担当者は、元請けに対して失礼がないように、と、林さんたちに何度も念を押していたと話す。

「これ、いわゆる特ダネですね。原発での労働経験のない素人作業員に下駄をはかせて、原発に送り込んでいるということでしょうか？」

林さんは「やっぱりおかしいですよね。他にも色々デタラメな話が沢山あるんですよ」と首をかしげながら、現場で見聞きした具体的な話を順番に聞かせてくれた。

林さんがネットを見て申し込んだ求人の主は、東京電力を頂点にした多重下請け構造の6番目。その上には仕事を発注する、いわゆる元請けの中小規模の事業者が連なっていた。これまで原発構内での作業に関わってこなかった土建業者なども含まれており、3月11日の事故以降、除染や原発の収束作業の現場から何とか仕事を引っ張ってきて食い繋いでいるという印象だという。

日当は1万3000円だと聞いていた。実際にはそこから宿泊代が差し引かれ、昼食代などを自前で負担すると手元に入る金額は1万円を切ることがわかった。仕事内容は、現場作業員の後方支援の予定だった。原発構内に入る作業員に機材を渡したり、管理したりする仕事だと聞いていた。

しかし、元請けの説明会に参加すると、高濃度の放射性物質に汚染された水が漏れ出している原発構内の現場で、放射線量を抑えるためのゴムマットを敷く作業だと言われた。毎分1ミリシーベルトを超える高線量作業現場で、酸素ボンベを2本背負うことになるという。

林さんが結んだ契約期間は1年。毎分1ミリシーベルトを受ける作業に従事すると、少なく見積もっても、3日も働けば当時設定されていた年間被曝上限の50ミリシーベルトを超えてしまうと首をかしげた。

同僚の作業員たちに「おかしくないか?」と聞いてみたが、皆そもそも放射線量の基準や法律で定められている上限値を知らず、あまりピンときていなかったという。林さんたちを元請けのところまで連れて行った下請け企業の担当者に、直接疑問をぶつけた。

「高線量の作業になるとは聞いていなかった。1年も働けないのではないか?」

そう尋ねると、その担当者からは意外な答えが返ってきた。

「身体に浴びた線量は8日経てば半減し、やがて消えてなくなります。蓄積はしません。蓄積していったら、僕らだって働けないじゃないですか」

そんなやりとりを交わしたことを、林さんは僕に教えてくれた。

「担当者が言っていることはオカシイですよね?」

放射性物質の核種の中では、確かにヨウ素の半減期は8日間だ。しかしそれは、作業員が浴び続けた放射線による身体側への影響とはまったく別の話で、生理的なダメージ自体が半減するという説明は完全にデタラメだ。林さんは、今まで、自分が見聞きした現場の実態を実名で8bitNewsで発信したいと申し出てくれた。

しかし、今、林さんから聞いた話は事実なのだろうか？　本人の思い込みや勘違いなども含まれているのではないか？　裏を取るのも大変だ。今の話を裏付ける証拠はありますか？　と尋ねてみた。すると、

「今、堀さんに説明した内容は、すべてカメラの映像で音声とともに記録されています。ＳＤカード5枚分くらいになりますけど。資料も保管してあります」

一次情報を持つ本人が直接、ネットを使って映像で発信することになる。これは重大な内部告発だ。

さらなる事実の確認や、映像のチェックも必要なため、内容をコピーしたＳＤカードを航空便で、資料と一緒にロサンゼルスの僕のところまで送ってもらうことにした。

林さんは、多重下請け構造により賃金がピンハネされていることや、経験のまったくない作業員が十分な研修も受けられないまま高線量現場に送り込まれている実態を世の中に訴え、国や東京電力に対して是正を促したいと、思いを語った。

実名での発信には、色々な圧力が加わることを警戒した。僕と林さんだけでは手に負えないと思い、以前から取材で世話になっていた非正規労働者のための労働組合・

派遣ユニオンの関根秀一郎代表に支援を求めることにした。ユニオンがバックに付けば手順を踏み、資料をそろえ、労働争議を起こすことができる。さらに万が一に備えて弁護士の協力も得られる。派遣ユニオンが動くと、新聞やテレビの労働担当の記者に情報が伝わるので、マスコミも味方に付けられるかもしれない。

現場からの発信が促した事態改善への第一歩

およそ2週間後。福島県からロサンゼルスにSDカードが届いた。映像を見ると確かに「線量が8日で半分になり消えてなくなる」という担当者の説明や、毎分1ミリシーベルトという高線量現場での作業を依頼されている様子などが生々しく記録されていた。

映像を見ながら、Skypeで林さんから詳細な説明を受けた。映っている若者たちは関西からやってきた18、19歳の3人組。地元では仕事がなくて困っていた時に作業員募集の仕事を見つけた。放射線の身体への影響など、基本的な知識はまったくなかった。バイト感覚でやってきて、知識や技術もないまま現場に投入される。

収束作業の司令塔になっている免震棟内部の映像では、白い防護服に身を包んだ人たちが図面を囲み、作業手順の確認などを行っている。一次下請けの担当者が責任者として指示を出している。林さんが質している声が入っている。

「10代の若者が満足な研修も受けられないまま、騙されるようにして高線量の現場に送り込まれようとしていますが何故こうした状況を放置しているのですか?」

担当者の男性は、自分たちは下請けに対して業務の内容なども説明して発注している、という説明を繰り返していた。

「自分の子供も同じような状況で原発に送り込めますか?」

林さんが詰め寄る。担当者は「確かに自分の子供だったら行かせられない」と視線を落とした。

多重下請け構造の中で起きている様々な不条理な現状を、林さんのカメラが記録していた。それらの映像はYouTubeにアップロードされ、そして8bitNewsに投稿された。派遣ユニオンは林さんと連携して、ただちに東京電力やそこに連なる下請け企業など合わせて7社に対し、現場の労働環境を改めるよう、説明と対応を求める文書を提出、回答を求めた。

数週間後、朝日新聞やNHKから取材の申し込みがあった。週刊誌や海外のテレビ局が林さんをさらに取り上げるようになった。原発作業員自身による実名の告発。原発事故の収束作業を取り囲む複雑な多重下請け構造の実態が、映像によって可視化されたのだ。

さらに映像が投稿されてからおよそ3カ月後の12月、東京電力は下請け企業全社に対して、現場の実態調査をかねたアンケートを実施した。賃金や労働環境の実態把握につとめたいと説明した。労働基準監督署は、健康診断費用という名目でピンハネされていた金額を、全額林さんに返金するよう命じた。

林さんはさらに訴える。

「実際に現場を見て状況がよくわかった。作業員を都合よく使い捨てにするように働かせていたら、誰も現場で働かなくなる。原発の収束作業は40年も50年もかかるという印象を受けた。今生まれた子供たちの次の世代にわたって、この作業を引き継がなくてはならない。今、働く労働者の環境を整えておかなければ、1ワットも生み出さない原発のために負の連鎖が続くだけだ」

かくして、一次情報を持った本人による発信が、事態の改善に向けてコマを一つ進めることに繋がった。

3 β版の運用で見えてきた市民発信の成果と課題

8bitNewsが成し遂げたもの

こうした事例をはじめとして、8bitNewsには一般の人たちが撮影した様々な動画が投稿されるようになった。

1年間で1000本を超える動画がアップロードされ、投稿された動画の総再生回数は平均で20万回を超えた。アメリカやヨーロッパを中心にアジア、アフリカなど世界80カ国以上からのアクセスがあった。SNSを媒介して投稿された動画は瞬時にインターネット上で拡散されて海を渡った。映像の投稿は言語の壁を越えた。

例えば、アメリカ・南カリフォルニアのサンオノフレ原発が三菱重工製の蒸気発生装置の配管の欠陥によって放射性物質を含む水漏れ事故を起こした問題について、僕が地元の日本人やアメリカ人たちとともに取材し撮影した映像がある。これはNRC（アメリカ原子力規制委員会）が主催した公聴会で住民と電力会社が意見交換をするというシーンだったが、8bitNewsに投稿後、NHKのロサンゼルス支局から映像をニュースで使わせてほしいという申し出をいただいた。

NHKが映像提供で契約している地元テレビメディアABCは、公聴会を取材していたものの、NRCや電力会社による説明部分しか収録していなかった。NHKが欲していたのは、地元住民との質疑応答の様子。8bitNewsに投稿された映像には、住民が政府や電力会社に対して疑問をぶつけ、不安を伝える様子が収められていた。映像は、NHK BSの国際ニュースを扱う番組で「提供 8bitNews」というクレジット付きで放送された。この話題については、次章でも詳しく紹介したい。

また、国内での他の事例としては、山梨県八ヶ岳南麓で持ち上がった高速道路の建設計画に反対する住民や支援者が「性急に進めるのではなくもっと地元と対話をしてほしい」と訴え投稿した動画が、最終的に霞ヶ関の国土交通省の担当者に届き、計画がその時点で事実上の白紙に戻るということもあった。

浮き彫りになった問題点とリニューアルに向けて

そうした予想以上の成果が得られた反面、投稿テーマが次第に原発のデモやTPP

に反対するデモの様子などを撮影した映像が主体になっていったことに疑問を寄せる声も増えてきた。

「活動家のための発表の場になっているのではないか?」「いや、大手メディアが報じてこなかったことに対する市民の不満が形となって現れているのでは」「デモは屋外で行われていて撮影しやすいという理由も考えられる」「取材ノウハウをきちんと伝えて発信スキルを底上げするのを優先した方がよい」などと、8bitNewsのメンバー間でも課題や現状について議論が起きた。

原発に反対するデモの様子が投稿されることは別に問題はないが、投稿テーマが一つのテーマに偏ってしまうのは好ましくない、という結論で一致した。

そして、今年3月、僕がNHKを退職することを決めたのをきっかけに、サイトを大きくリニューアルすることを決めた。

そうした判断を行った矢先、市民メディアの在り方をめぐって批判を受ける出来事が起きた。

原発事故による放射能汚染の影響について、政府に対して福島県から子供たちを県外に疎開させる必要があると訴え、経済産業省の建物前でスピーチをしていた男性の様子を撮影した動画が投稿された。

福島県出身の男性が「福島に来ないでください。福島のものを食べないでください。皆さんが福島のものを食べると、福島は安全だという認識が広がり、子供たちが避難できなくなります」と沿道から人々に向かって話していた。撮影者は、男性のこの言葉を動画のタイトルにして8bitNewsにアップロードした。

この動画がアップロードされたのを見て、あまりにも偏った意見だと感じた。福島県では米を全量検査した上で出荷するなど、この2年で対応も強化してきた。そもそも、本州で2番目に広い県土を持ち、浜通りから会津まで原発事故による放射能汚染の実態はまったく異なり、警戒区域に指定された原発周辺の地域と80キロメートル以上離れた会津地方などを一緒くたにして「福島」と括るのには問題があると思い、サイトの規定に照らし合わせて削除することも考えたが、それは見送った。

この男性だけではなく、実際に、ホットスポットと言われる高放射線量地点の近くに住む母親が本当は子供と一緒に県外に避難したくとも家族や近所の人たちの目を気にして我慢しているケースも取材していただけに、オープンな場で議論することも必要だと考えた。議論の中で、偏った意見に対しては是正を求め、様々な客観的情報が集まり、よりフラットに状況を捉える環境ができればと理想を描いた。

しかし、こうした状況について Twitter 上で「風評被害を煽る動画を掲載し、放置しているのは問題だ」というコメントが多数寄せられ、一部の文化人たちからも、フィルタリングをしないメディアにジャーナリズムはない、とサイトや運営の責任者である僕に対する批評が相次いだ。

その他にも、科学的根拠に乏しい疑似科学を扱った動画や、陰謀論を社会の事実のように発信する動画などがいくつか投稿され、サイトとしてそうした動画をどのように扱うかスタンスが問われた。

先述したように、僕は福島県内で悩む人々の助けに少しでもなればという思いもあって、市民発信主体のメディアを立ち上げたつもりだった。それが逆に、自らのサイトが風評被害をさらに広げる動きに加担しかねない事態となり、深く反省させられた。

僕の判断ミスで逆にそうした皆さんを苦しめてしまったとなれば、過ちを認めて率直に謝り、速やかに改善しなければならない。議論の場をうまくつくりながら、より開かれたかたちで様々な情報に価値判断を加えていくにはどうすればよいのか。

今、世界中のメディアがインターネットに上げられる一般からの情報を、どのようにして自らの報道に活かすかの試行錯誤を繰り返している。とりわけSNSの発達が、急速にメディアを取り巻く環境に地殻変動を起こしている。新聞やテレビ、ラジオなどの伝統的メディアが、新しいテクノロジーと結びつこうと必死になっている。

海外の先進事例に目を向けると、改善に向け参考になるケースがいくつかあった。サイトは今、リニューアルに向けて一旦クローズしている。そうした先進事例をうまく取り入れながら、僕らも発展的な前進を試みなければならない。

次章では、僕がNHKでの職務経験の中で持つに至った問題意識を掘り下げ、およそ10カ月間にわたってアメリカで取材したケーススタディと照らし合わせながら、これからの日本での市民メディアの在り方について、改善の指針を展望してみたい。

第2章
メディアの民主化が始まる！

1 サンオノフレ原発問題が示す日米民主主義の深い溝

サンオノフレ原発問題から見えるもの

前章で述べたように、僕は「8bitNews」の立ち上げと並行して、2012年6月から2013年3月までの間、NHKの海外派遣制度を利用し、アメリカのUCLAに客員研究員として留学した。そこで欧米を中心とした次世代メディア改革の最前線を研究すべく、IT企業の集積地として知られるシリコンバレー、メディア発信拠点でもあるニューヨークなど、新たなメディア産業を模索する現場を訪ね歩いた。

その研究の一環として、僕が在米中に継続的に取材していたのが、カリフォルニア州の郊外にあるサンオノフレ原子力発電所の問題である。これは電力会社の南カリフォルニアエジソンが1983年から運営する原発で、2012年1月に放射性物質を含む水が外に漏れ出す事故が発生した。原因として三菱重工が手がけた水蒸気発生装置の配管に異常な摩耗が見つかり、以来、稼働を停止している。

これまでにも複数回にわたって故障が見つかってきたこの原発に対して、以前より一部の地元住民からは、原発をやめて再生可能エネルギーへの転換を目指すべきだという申し入れが続けられてきた。しかし、南カリフォルニアエジソンは、故障が明らかになるたびに安全対策はさらに強化されたと強調し、NRC（アメリカ原子力規制委員会）は、その安全策にお墨付きを与えて再稼働を繰り返してきた。

僕の留学当時、電力会社は、今回の事故に対しても「三菱とともに部品の設計変更を行って対策を強化している」と語り、早期再稼働への意欲を見せており、大手メディアもほとんどこの問題を取り上げていなかった。

ちょうど日本では、同じように関西電力の大飯原発再稼働強行に際して大きく反対論が巻き起こっていたおりでもある。

そこで僕もこの現状を独自に取材すべく、NRC

サンオノフレ原発は浜辺に建てられている。
（2012年12月・サンクレメンテ市）

による現地での住民向け説明会を訪ねてみることにした。

サンオノフレ原発があるのは、ロサンゼルスから車で東に2時間あまり、サンクレメンテと呼ばれる人口6万人の海沿いの観光地だ。白い砂浜が延々と続く遠浅のビーチ。年間を通じてよい波が立つと評判で、休日になるとサーフボードを抱えた若者や家族連れが砂浜をカラフルに染める。

現場に着くなり、会場の入り口でプラカードを持っていた中年男性から声をかけられた。

「珍しいねぇ、取材に来たのか？　頭にきてるんだよ。エジソンの奴ら、『電気が足りない、電気が足りない、このままだったら、停電が必要だ！』なんて急に言い出し始めやがった。脅しだろ、あんなの。役人は役人で馬鹿みたいに『安全対策を進めています』ってことしか言わない。テレビ局なん

パブリックミーティングにて。メーカー側が市民に改良した配管などを説明。（2012年11月・サンクレメンテ市）

て酷いもんで、俺たちの意見なんて、さらさら取材する気がないようだからさ、おかげで、俺たちは、街の皆から変わり者扱いされているよ」

そういきなり捲し立てられたので「すいませんね、僕もマスコミなんですけど、頑張りますから」と苦笑いして頭をさげ、説明会場に入れてもらった。

このサンクレメンテでのケースをはじめ、NRCの説明会は夏から秋にかけて南カリフォルニア各地で行われたが、基本的には電力会社の担当者が「三菱重工が再設計した部品は安全検査を繰り返し行い、問題がないと報告を受けている」と再稼働への理解を住民たちに求めるものばかりで、一方的な説明に納得しない住民からは「電力会社のプロパガンダだよ」という不満の声が絶えなかった。

この構図そのものは、大飯原発などをめぐる日本の場合と大差ない。産業、政治、そしてメディアの三位一体の構図は、どこに行っても同じに見えた。

やはり、情報はコントロールされているのだろうか。

その実態にさらに肉迫すべく、年末から年明けにかけてNRCの公文書を読み解いた結果、次のようなことがわかった。

まず、NRCが行った事故後の調査では、配管の1万5000カ所以上で〝異常な摩耗〟が見つかる。これを受けて原子炉の運営元である南カリフォルニアエジソンが製造元の三菱重工に装置の再設計と安全対策の強化を求め、確かに説明どおり事故以来10カ月以上にわたって改良に取り組んできたのだが、12月半ばには思わぬ事態が明らかになった。ＮＲＣが三菱重工に対し「安全検査の内容が国や電力会社の求める基準を満たしておらずコンプライアンス違反の可能性がある」と指摘し、神戸市内にある三菱重工の施設に立ち入り検査に入ったというのだ。

ＮＲＣのウェブサイトには、三菱重工側とやりとりを続けてきた書簡が公開されている（http://pbadupws.NRC.gov/docs/ML1233/ML12333A144.pdf）。

宛先は三菱重工の品質保証部門のマネージャー、「Mr. Ikuo Otake」。

書簡によると、去年10月9日から17日にかけて、ＮＲＣが神戸市にある三菱重工の施設に立ち入り調査に入ったと書かれている。理由は、アメリカ連邦法で定められた、品質保証や欠陥報告の義務を怠った可能性があるからだという。

ＮＲＣの調査チームが神戸市の施設を調べた結果、三菱重工が再設計した部品のモックアップを使って行った安全検査は国や電力会社が求める基準を満たしていなかったことを見つけ出した。ＮＲＣが主張する問題点は主に次の2点。

①三菱重工は、住友金属から購入した素材の仕様と、実際にテストで使った素材の仕様が異なるにもかかわらず、検査報告書にその事実を記載せず確認を怠った。
②安全検査で使う測定器を、東京測器研究所が市販向けに提供するサービスに限って採用しており、他社のサービスと比較することを怠った。

NRCは、立ち入り調査のチームが明らかにしたとするこれらの事柄について、連邦法における法令違反が見られるとし、三菱重工に対し書簡の発行から30日以内に詳しい説明や違反理由などを回答するよう求めていた。

サンオノフレ原発に近いサンディエゴの地元紙によると、NRCの書簡の内容に対し、12月28日、三菱重工が回答。部品の仕様変更を文書で記録しなかったことは認めつつも、基本的に安全検査の結果内容に問題はないという姿勢を示した（http://www.utsandiego.com/news/2012/dec/28/MITsubishi-nuclear-equipment-tests-still-valid/）。

こうした事態を受け、原子炉の再稼働を急ぐ南カリフォルニアエジソンは、部品の安全確認を三菱重工以外の検査機関の結果を用いて判断すると発表し、三菱重工への不信感を露にした。南カリフォルニアエジソンはこれまでも、原子炉の事故と再稼働の遅れは、製造元の三菱重工に責任があるとして、修理や検査費用として36億円の支払いを請求するなど、厳しい姿勢を打ち出している。

そして２０１３年６月７日、ついに南カリフォルニアエジソンはサンオノフレ原発の廃炉を決定、三菱重工にはさらに多額の損害賠償請求がなされたことが、ロイター通信などの大手マスメディアによって報じられた。その背景には、カリフォルニア州で進んでいる天然ガスへのエネルギーシフトの流れがあるという。

この結末に至るまで、日本の主要メディアはこの問題を一切報じてこなかった。国

1年間で10回近くパブリックミーティングが開かれた。

内大手民間企業にアメリカの政府機関が立ち入り調査に入るという異例の事態を招いた重大な不祥事であるにもかかわらず、2012年の段階ではどこもこの事実に触れていない。実際、僕個人も知り合いの新聞・テレビの記者たちに三菱重工への立ち入り調査の事実を伝えたが、非常に反応は鈍かった。

こうした経緯には、出発点でこそ日本と同様の三位一体の癒着構造があるようにも思えたアメリカの産業、政治、メディアのそれぞれが、最終的には相互の健全なチェック機能を取り戻していった様子がうかがえる。その根底には、日米の情報公開に対する姿勢の大きな違いがある。

東日本大震災での福島第一原発の事故で東京電力が資料の公開を政府から求められた際、黒塗りだらけの書類を提出したことは鮮明に記憶に残っているだろう。対して、NRCが公開した三菱重工との書簡には、黒塗り部分などはなく、担当社

市民からの質問は2～3時間続く。

員のメールアドレスや電話番号などもそのまま公開されていた。メディア側も公開された情報の取り扱いに慣れている。

ITと情報公開政策が体現するアメリカ民主主義の底力

僕自身がアメリカ国内で調べ物をする際にも、官公庁による情報公開の徹底ぶりと、公開された情報の入手のしやすさに驚くことがたびたびあった。というのは、僕がアメリカ滞在中に取材し制作したドキュメンタリー映画「変身 Metamorphosis」では、膨大な数の公文書をすべて政府機関のインターネットサイトからダウンロードして入手したからだ。

特に、1959年にロサンゼルス近郊の街シミバレーで起きた実験用原子炉のメルトダウン事故に関しては、エネルギー省が当時報道機関に向け発表したプレスリリースや、それを受けて書かれた新聞記事などもタグを付けて整理され公開されており、事実を検証する上でとても役に立った。

当時エネルギー省は事故に関して「放射性物質の放出はなかった。深刻な事故ではない」と発表し、地元新聞の報道も「不具合が発生」という内容でしか扱っていいな

郵　便　は　が　き

お手数ですが、
50円切手を
おはりください。

151-0051

東京都渋谷区千駄ヶ谷 4 -9 -7

(株) 幻 冬 舎

「僕らのニュースルーム革命」係行

ご住所 〒□□□-□□□□ Tel.(　　-　　-　　) Fax.(　　-　　-　　)		
お名前	ご職業	男
	生年月日 年 月 日	女
eメールアドレス：		
好きな twitter	好きな Face Book	

◎本書をお買い上げいただき、誠にありがとうございました。
質問にお答えいただけたら幸いです。

◆「僕らのニュースルーム革命」をお求めになった動機は？
① 書店で見て ② 新聞で見て ③ 雑誌で見て
④ WEBで見て ⑤ 知人にすすめられて
⑥ プレゼントされて ⑦ その他（　　　　　　　　）

◆著者へのメッセージ、または本書のご感想をお書きください。

今後、弊社のご案内をお送りしてもよろしいですか。

（　はい・いいえ　）

ご記入いただきました個人情報については、許可なく他の目的で使用することはありません。ご協力ありがとうございました。

かった。しかし、実際には原子炉を製造したメーカーが事故報告書を作成し政府におさめており、それによると、燃料棒43本のうち13本が溶融し、大量の放射性物質の放出があったと記録されている。事故から50年以上経った今も、敷地周辺には、例えば通常の値の1000倍を超える濃度の放射性セシウム137が検出されるなど、深刻な汚染が改善されていないままだ。

前述したメーカーの事故報告書なども、今から30年前に地元カリフォルニア大学の学生たちが研究活動の中で発見しており、国家の機密事項へのアクセスもある程度担保されていることを実感した。

とりわけオバマ大統領は1期目の就任直後から、開かれた政府を目指すと語り、「政府・政策・情報の透明性（transparency）」「市民参加（participation）」「政府内および官民の連携（collaboration）」という3原則を示して政権運営にあたり、ITを駆使して連邦政府が管理する情報の公開を徹底させてきた。特に優れているのは、統計的な数字を公開するだけではなく、そうした数値をグラフ化したり分類したりして分析できるコンピューターソフトを同時に公開した点。いわゆるオープンソース化だ。これにより数字の持つ意味合いなどを民間人が、読み解きやすくなった。

もともと情報公開の強化がはかられていたアメリカだが、ＩＴの発展とオバマ大統領の政策によって市民のアクセス権はさらに高められ、こうした透明性がオバマ大統領への支持をより強固にすると同時に、国家と国民の在り方に変化が起き始めているようにも思われる。

このような状況を目の当たりにすると、民主主義国家としてのアメリカの底力を感じさせられる。もちろんすべての情報が公開されているわけではなく、WikiLeaksをめぐる問題のように国家機密が公になることに対しての一定の圧力なども同時に存在するのも事実だが、情報公開請求に時間と労力のかかる日本に比べると、より開かれた国であることは認めざるをえない。

これを民主国家としての年季の違いと言ってしまえばそれまでだが、何故日米の情報公開と報道をめぐる状況に、ここまでの違いがあるのだろうか。その具体的な構造に、メスを入れていきたい。

2 日本の報道メディアが抱える根深い問題

ナチスドイツが築いた放送メディアのプロパガンダ体制

僕が最初に本格的に日本のメディア改革の必要性を意識するようになったのは、大学3年生から4年生にかけてのことだ。ドイツ文学を専攻していたこともあり、第二次世界大戦期にナチスドイツが強力に推し進めたプロパガンダと、大本営発表を流し続けた大日本帝国下の日本放送協会を卒業論文の研究テーマに定めた。

ナチスドイツと同盟関係にあった大日本帝国では、ナチの宣伝担当大臣ヨーゼフ・ゲッベルスの指示によって、映画、ラジオ、演劇、音楽など様々なメディアを総動員して遂行されていく宣伝戦略を模倣し、愛国心を植え付けるための学校教育と厳しい言論統制や規制を敷くことで大衆の意思を一定の方向に操作していった。究極の狙いは「大衆の国民化」にあったと言われている。ここで言う「国民」とは国家への帰属意識を持った人々を指す。自由に文化を形成してきた大衆をそのまま放っておいても国家を担う「国民」にはなりはしない。ナチスや大日本帝国は、大衆を国民化することが強力で揺るぎない権力と国家を形成する絶対条件だと考えた。第一次世界大戦後、多額の賠償金を背負わされ疲弊したドイツと、明治の富国強兵策以来、欧米列強と伍していくための国づくりを進める日本にとっては、大衆社会からの脱却は急務だったといえる。アドルフ・ヒトラーは1925年に記した自らの著書『わが闘争』で〝大衆の国民化〟についてこう述べている。

広範な大衆の国民化は、生半可なやり方、いわゆる客観的見地を少々強調する程度のことでは達成されず、一定の目標を目指した、容赦ない、狂信的なまでに偏った態度によって成し遂げられるのだ。(アドルフ・ヒトラー 平野一郎・将積茂訳『わが闘争』 1973)

ナチスドイツの場合、大日本帝国の「皇国民教育」のようなことは盛んに行われなかったが、その時まさにラジオの創成期を迎えており、マスメディアを利用しての大衆操作、いわゆるプロパガンダが緻密に計算され遂行されていった。ゲッベルスは1

933年の就任以来、まずラジオ局の人事の粛清に取りかかり、帝国放送協会のディレクターを全員解雇、ほぼすべてをゲッベルス自身の代理人たちに置き換えた。また地方局を法的に解散させ、首都ベルリンからの全国放送の単なる中継局とした。つまり、あらゆる指令や番組が宣伝省から直に国民に送られるものとなった。ゲッベルスがラジオ局の職員に向かって投げかけた言葉が当時の状況を物語っている。

ラジオ放送は新たな政府が掲げる目的に自らを適合させ、従わなければならない。ラジオ放送の主要な課題の一つは、国民の精神的動員の実現にある。それは、国防省が防衛の分野で果たすのと同様の役割を精神の分野で実現しようとするものである。（中略）私が思うに、ラジオ放送はもっとも現代的かつもっとも重要な大衆操作の道具である。ドイツの放送局は、今なお政府を支持しようとしない一部の国民に対し新たなドイツの意図を啓発し、彼らを我々の隊列の中に組み入れるという重大な課題解決のための第一の手段とならなければならない。（中略）ドイツ国民を100%、地域、宗教、職業、階級にかかわりなく、新たな政府のために統一することにより、ラジオ放送は国民と国家への真の奉仕者となる。

（平井正『20世紀の権力とメディア』雄山閣　1995）

1933年はじめの時点ではラジオの普及は400万台弱だったが、政府は聴取者数の大幅な増加をはかるために、廉価なラジオ受信機を国内のメーカーと共同開発し販売。1939年には900万世帯に、さらに1941年には1600万世帯にまで拡大させた。放送を使ったプロパガンダは国民に大きな影響を与えるようになった。

いまだ「戦後」を迎えていない日本の放送メディア

一方、日本におけるラジオ放送は1925年、この年に設立された「日本放送協会（NHK）」により全国放送が開始され、その幕を開けた。

政府はラジオ放送を開始するにあたって「放送ハ偉大ナル拡播力、深刻ナル徹底力ヲ有スル事業ナルニ付」「国家ノ目的ニ接近シ政府ノ監督容易ナル組織ヲ有スルモノトナルコト」との方針を示し、ドイツのラジオが当初からそうであったように「通信事業は国家の管理」するものとなった（竹山昭子『戦争と放送』社会思想社　1994）。なお、この年は悪名高き「治安維持法」が制定された年でありこのラジオに対する政府の見解は象徴的なものである。

そして、満州事変から3年後の1934年5月、政府は逓信省を通じて日本放送協会の組織の大改革を行った。手本としたナチスドイツに倣い、それまでNHKの各地方支部が独自に行っていた番組編成、事業計画、予算の執行権が失われ、経営の中枢を東京本部だけとし、役員も逓信省出身者によって占められるなど中央集権化が進められた。1936年7月には、内閣直属の「情報委員会」を発足させ、政府各省に分散していた情報宣伝活動を一本化。日中戦争が勃発すると情報委員会の主導権は軍部に握られ、委員会の組織は拡大、「内閣情報部」となる。さらに、1940年の第二次近衛内閣の成立を機に、情報宣伝策がさらに強化され「情報局」に昇格。ここに放送は一元的支配を受けることとなる。

それまで夜7時に放送していたNHKニュースの情報源に関しても、当初は複数の新聞社、通信社からニュースの配信を受けていたものが、1936年、国策通信社「同盟通信社」のスタートにともない、これに一本化された。ラジオの受信契約者数は1929年に60万人、1932年に100万人、1941年には600万人を突破した。

当時のNHKに、ジャーナリズムの精神はなかったのだろうか。大いに気になる点であるが、1942年1月1日「聴取者の皆様へ」と題する放送で、日本放送協会会長の小森七郎は次のように挨拶している。

昨年12月8日、我が国が遂に多年の宿敵、米英に対し戈を執って立つに及びまするや、わが放送事業も亦即時之に対応する新たなる体制をとるに至ったのであります。――番組内容は悉く戦争目的の達成に資するが如きもののみといたしました。私共全職員一丸となって懸命の努力を致しておるのでございます。(竹山昭子『戦争と放送』社会思想社 1994)

また、西本三十二教養部長は、「ラジオは今や総力戦に於ける重要なる国策機関となっている。その運営に当たっては常に国家的立場に立脚し、――国家目的への奉仕に努力しなければならぬ」と述べ、放送局の職員は国家目的への奉仕、軍部や政府の報道機関としての役目を果たすという意識を持ち、政府と一体となって世論の指導を行っている(竹山昭子『戦争と放送』社会思想社 1994)。そこには、ジャーナリズムの原則である不偏不党や言論の自由といった主張は微塵もうかがうことができない。

そこから考えると、日本の放送メディアは「国家」という枠組みのもとに生まれ、発展を遂げたと言っても過言ではない。当初から大衆の側に存在するのではなく、国家などの強い権力の側に存在し、成立したメディアである。だからこそ、ラジオを使ったプロパガンダは完遂され、多大なる影響を大衆に与えるものになりえた。「国家」をその出発点にしている以上、そもそも「放送」という概念の中には「権力の抑止」という考えはまったく存在していなかったと考えられる。

こうした成り立ちがあるにもかかわらず、戦前・戦後で朝日、毎日、読売、日本放送協会と、主要メディアのプレイヤーは変わっていない。太平洋戦争が終戦を迎えたその日、新聞社は自らの戦争責任を問い、国民に謝罪する記事を出してはいるが、放送では国民に対する謝罪と自らの責任追及の弁を行っていない。つまり、日本の放送メディアは自らの戦争責任を曖昧なかたちで終わらせており、まだ戦後を迎えていないとも言えるのだ。

その体質は決して過去のものではなく、例えばテレビを中心とする放送メディアが深刻な報道被害を生み出すケースなどに今も根深い問題として残っているのではないかと学生当時の僕は考え、卒論の冒頭に次のような文章を書いた。

現代のマスコミについて、日本は表現の自由が保障され権力に対する批判機能は十分に発達していると考えていた。しかしながら、1995年に起きた「松本サリン事件」ではマスコミの暴走により冤罪事件を引き起こした。当時報道された情報に対し、大衆は何ら疑うことなく犯人に仕立てられてしまった人を非難した。それは冤罪が報道されてからも続いた。いわゆる報道被害というものを引き起こすマスコミの報道は他にも多く存在する。そこに「国家」という存在が絡むとそれはさらに複雑化する。戦中のプロパガンダを彷彿とさせる状況が今なお、大衆とマスメディアの間に存在していると感じざるを得ない。大衆が根幹であった情報社会から、情報の上に成り立つ大衆社会へ時代は変化しつつある。それは、一歩間違えると実態を持たない虚構の世界に我々が存在する非常に脆く危うい社会を形成する危険性がある。情報技術、いわゆるITが進歩し情報で町が溢れる今、この「大衆とマスメディア」の関係を探ることは大いに意義があるものと考

え、それをこの論文の目的とするものである。(堀潤『ナチス・ドイツと大日本帝国におけるマスメディア』 2001)

だからこそ僕はNHKを就職先に選び、内側から変えていきたいと願った。入局試験の最中にも面接官たちにこの卒業研究の話をして、「NHKにはまだ戦後が来ていない」と率直な意見を述べた。役員たちも若造のこうした声に耳を傾けて面白がってくれ、「一緒に働こう」と内定を出してくれた。2001年の入局以来、10年以上にわたって草の根的に、メディア自身が内側から情報をオープンにして、視聴者を操作することがないよう心がけてきたつもりだった。

しかし、前章で述べたように、2011年3月に発生した原発事故では、自分もニュースセンターの中枢にいながら、うまく機能できなかった。そこでの忸怩たる思いが、組織に文句を言われながらもメディア改革の必要性を訴え続ける原動力になった。

だから、卒論の締めくくりの言葉は、今も筆者の思いそのものである。

新聞は終戦の日、自らの責任の所在を明らかにした。しかし「放送」はそれをしていない。それが含む全ての意味合いを現在の「放送」は自覚しなければならない。不偏不党の精神がジャーナリズムである。「放送」の歴史は出発点にそれを持たない。しかし現代にいたってもその状況はあまり変わらない。大衆はそのような「放送」の姿勢に対し常に懐疑的である必要がある。「放送」を手がける人々は過去の歴史において自らが犯した過ちを強く自覚し、ジャーナリズムでありたいと願いそれを実現し、自らの両肩に大衆の幸福と、平和に満ちた国家の未来がかかっていることを忘れてはいけない。（堀潤『ナチス・ドイツと大日本帝国におけるマスメディア』2001）

「刺される」ことを恐れる日本のニュース現場

残念ながら、以上のような歴史的体質を、NHKをはじめとする日本メディアはいまだ清算していないように思える。そのため、僕が12年間マスメディアで働く中で見てきた限りでは、業界の慣習として、世間の常識的な感覚では理解し難い考えや行動がはびこっている。

テレビの内側とは一体どのような世界なのか、これからのメディア改革を考えるため、業界の実態をお伝えしておきたい。

テレビ局の中では、奇妙な業界用語が頻繁に飛び交っている。例えば、こんなふうに。

「この内容だと刺されるから放送できないよ」

刺されるとは、クレームのことだ。特に大手企業や官公庁の上級役人からのテレビ局に対する脅しだ。彼らと仲良くしてネタを提供してもらうことしかできない記者たちが「もう君の取材には答えない」ということになっては大変だと、ニュースの中で時々提灯記事を放送し普段から貸しをつくろうとする場面さえある。

婉曲表現を駆使し、印象を和らげる工夫に自らの語彙力をささげる者もいる。最も醜い瞬間は、チェックにチェックが重ねられ「これなら刺されない」と満足そうにナレーション入れに向かう担当者の安堵した横顔を見る時だ。特に、役所や大企業を相手に取材をしている経済部系はそうなりやすい。

加えて、担当記者もしくは担当部局レベルで他社の出方を気にする場合もある。

一例として、東日本大震災からの復旧を支援するため米軍が行った「トモダチ作戦」で三陸沖での任務にあたった米兵8人が「原発事故による放射線が危険なレベルであったにもかかわらず正確な情報を速やかに公表せず隠蔽し、大量に被曝した」として東京電力を訴える裁判を連邦地裁に申し立てた問題が挙げられる。

ある日系大手メディアの記者は、東京の本局にこの事実を連絡し、原稿にしようとしたが、「刺される」ことを恐れた担当デスクから「まだ報じるべき段階ではない」と言われ、その日の出稿を見送った。ところが翌朝の朝刊を見ると、共同や朝日が記事にしていた。それがわかるや否や、今度は東京から「やはり出稿してほしい」と連絡が来て、担当記者が慌てて出稿していた。

つまりは、自前の取材調査の質を上げることよりも各社の動きを横目に「刺される」リスクを計算し、権力に対して「叩いてOK」かどうかの空気を互いに読み合うことに血道をあげて報道内容を決める。それぞれが互助会のようにもたれ合いながら、横並びで利益を分け合うという、ジャーナリズムの本義とはほど遠い組織護持の構造が染みついてしまっているのだ。

「雁首」取りに固執するセンセーショナリズム

もう一つ、日本のテレビニュースの体質を象徴するマスコミ用語がある。

「雁首を取ってこい」

これが何を意味する言葉か、想像がつくだろうか。「雁首」とは本来、形が雁の首に似ていることから、煙草を吸うためのキセルの頭部を指す意味で使われてきたが、会話表現の中では俗っぽく、人の頭や顔を指すことがある。「雁首並べてポカンとしやがって」などと言う場合の、あの雁首だ。

これがテレビや新聞では、事件や事故で亡くなった人や、または事件を引き起こした本人の「顔写真」の意味で使われるのだ。

ニュースの現場では、事件や事故が起こるとまずは警察発表などをもとに被害者や加害者本人、そして家族など関係先の情報を洗い出し、取材に足を運ぶ。

当該地域の警察や消防署では、たいてい副署長が広報窓口になり、定期的に記者たちからの質問を受ける「囲み」取材が行われる。2、3時間に1回ほどのペースで、捜査状況の一端が記者たちに伝えられ、そうした囲みによって、被害者や加害者の実名、場合によっては住所などがマスコミに伝わる。

当局から直接、顔写真の提供を受けることはほとんどないので、大抵の場合は、遺族や関係者本人から直接、個別に提供してもらうことになる。「地どり」と言って、記者が、現場や周辺の家々を一軒一軒呼び鈴を鳴らしてまわりながら関係者を探し、写真などを持っていないか聞いてまわる。

そこで、被害者が写っている卒業アルバムを元同級生から貸してもらったり、加害者が知人に送った年賀状を見つけ出し、プリントされた写真をトリミングしたりと、あの手この手で事件や事故の関係者の実像を入手するのだ。

とは言っても、写真を持つ関係者を見つけ出すのは簡単なことではなく、さらに提供までしてもらうのは難しい作業でもある。注目事件の被害者や加害者の顔写真がなかなか見つからない時、報道のデスクたちが部下の記者たちに「雁首早く取ってこいよ！」と発破をかける光景は、マスコミの現場では日常的に繰り広げられている。

実は、僕には同僚や上司から〝雁首隊長〟と呼ばれた時期がある。他社の記者が入手できない写真を独自で見つけ出す機会が多かったからだ。

秋田で起きた子殺し、秋葉原の路上で起きた大量殺傷、千葉のひき逃げ、京都の大学生殺害、長野で起きた土石流災害、宮城の大地震など、様々な現場で命を落としたり、逆に命を奪ったりした人々の写真を報道で伝えてきた。

しかしデスクから「雁首を取ってきてくれ」と言われるたびに、「どうして人の顔写真を雁首だなんて言うんだ。偉そうじゃないか」と、心の中でつぶやいていた。

マスコミの報道現場では、実名や顔写真へのこだわりが強い。社会的なインパクトが格段に違うというのだ。事件や事故による被害者を少なくするため、警鐘を鳴らすには、必要不可欠な要素だと教えられる。

そんなに社会正義を主張するなら、まずは自分たちで「雁首」なんて言い方をやめるべきだという反発心もあったため、実際の現場では、顔写真の入手に全力をあげるのは犯人逃走中の未解決事件のみ、そうでない場合は、いたずらに遺族や関係者の心を逆なでするのをやめようと、デスクに「ありませんでした」と答えるようになった。

未解決事件の場合、街頭のテレビで自分が殺めた被害者の顔写真を見た容疑者が、自らの罪の深さを感じ、自首してくれるかもしれないと思っていた。遺族や関係者に写真の提供をお願いする時には、そうした狙いを丁寧に説明することに注力した。それでも「そっとしておいてほしい」と言われた場合は、無理に出すことはしなかった。

そうした実名や顔写真にこだわるマスコミの常識も、ネットの普及によって問い直されつつある。

2013年1月、アルジェリアで日本人を含めた多数の犠牲者が出る襲撃事件が起きた。現地に多数の社員を派遣していた日揮と日本政府は、遺族の要望を受け被害者の実名公表を差し控えると発表。これに対し、大手新聞などが加盟する内閣記者会は、政府に対し、国民の関心が高いとして、亡くなった社員の実名を公表するよう要請した。

そうした中、朝日新聞は、独自の遺族への取材をもとに実名報道を断行する。しかし、その日のうちに遺族の親族を名乗る男性が、実名の公表は許諾していないとブログで発表、朝日の報道を批判し、Twitter上などでも議論を呼んだ。

とある大手紙のベテラン記者は、実名報道にこだわる理由として「一人一人の人生を記録し、ともに悲しみ、ともに泣くため」だとTwitterで語り、今回の襲撃事件に関して「私は遠く離れたアルジェリアで、非業の死を遂げた勇敢な同胞のために泣きたい。日本人全員と一緒に悲しみたい。私はそれこそが悼むことであり、弔うことだと思うのです。しっかりと社会で死者を弔いたい」と説明している。

しかしながら、こうしたメディア側の対応に、多くの一般の方々の反応は批判的だった。そのとおりだろう。他に伝えなくてはならないことは、襲撃事件が起きた理由や背景、現場の状況、今後の危機、海外でのテロリスクの現状と対策など山ほどある。実名報道か否かなどを論争している場合ではない。

特にこのケースの場合、事件が未解決で遺族が動揺している状況下で、それを無理やり、国民の関心事だから、弔いたいから、一緒に泣きたいからなどというメディア側の都合で実名報道することには、まったく同意できない。

仮に、政府が公表を差し控えることに対して、国家権力による事実の隠匿だと批判するのであれば、それぞれ各社が正面切って遺族と向き合い、取材し、その必要性を説明し、理解を得て報道に踏み切ればいいのだ。

結局のところ、普段から「雁首」などという表には出せない呼び方を使うマスコミが笠に着る社会正義とは、時代錯誤なセンセーショナリズムでしかないように思われてならない。

「日付もの」が象徴するストーリー先行型報道

さらにもう一つ、なかなか顧みられることのないテレビや業界に特有の用語として、東日本大震災の起きた3月11日や終戦記念日の8月15日など、特別な日に合わせた番組や記事を「日付もの」と呼ぶ慣習がある。

日々のニュースで追いかけた「ネタ」がある程度収束してニュースバリューが落ちると、その事象は「日付もの」というラベルが貼られ資料箱にしまわれる。そして年が改まって〝その日〟が近づくと、各担当者がネタ集めに奔走し、箱から出して皆で眺める、というわけだ。

ネタはないのか、ネタはないのか。

変化が見たい。

いや、変化がない方がいい。

遅々として進まない現状。課題が多い方がいい。

課題は共感できるか。

いや、そんな課題は陳腐すぎる。
主人公はどれだけ苦労しているのか。
普通の市民がどう暮らしているのかでないと共感できない。
いや、普通すぎる。
〝人もの〟がみたい。
これは、いいタマだ。もっといいタマはないのか――。

こうして文字にしてみると、なんだかとても苦々しい気持ちになる。事件、事故、災害。人の悲しみ苦しみは、こうしたメディアによって物語として再構成され、世に放たれる。「日付もの」は、まさにそんな「ストーリー先行型のニュース制作」の極致だと言えるだろう。

つまり、取材や撮影に臨む前に青写真を描き、現場でパズルのピースを拾い集めるような作業をし、忠実に絵コンテを再現していくような番組づくりのことだ。これがエスカレートすると、近年発覚することが増えた「やらせ報道」の問題に行き着くことになる。僕の経験上も、そうしたケースと紙一重の制作現場に出くわし、閉口することもままあった。

確かにテレビニュースの制作にとって、いかにテーマを単純化して伝えるかは避けられないセオリーだ。一つのニュースにかけられる映像の時間は大抵およそ1分半。ニュースリポートと言われるまとまった報告でも、大抵3分半～5分ほどの尺で収めなければならない。

だが、日常で起きている様々な事象はそれぞれがとても複雑で、一つの要因や原因で物事を割り切れるほど簡単には表現できない。テレビが当たり前にしてきた「日付もの」に典型的なストーリー先行型のニュース制作手法は、真剣に見直していく必要があるのではないだろうか。

「立ち止まりながらの報道」のために

例えば2012年には、日本の固有領土である尖閣諸島をめぐって、中国や諸外国で中国市民による大規模な反日抗議行動が巻き起こった。日系スーパーの窓ガラスが割られ、日本メーカーの車が市民によって叩き壊された。

僕が滞在したカリフォルニアでも、日本総領事館前などで中国系アメリカ人たちによる抗議行動が実行されていた。これを受けて、日本のテレビメディアは「尖閣諸島の領有権をめぐって中国市民が反発、各地で大規模な抗議行動が行われ、一部が暴徒化しています」という図式で一律に報じていた。

そうした中、Facebook上では1枚の写真と、中国で生まれ日本で暮らす青年の書き込みが、瞬く間に多くの人たちの支持を得て拡散されていった。

中国人の若者たちが「暴力的な抗議をやめよう」と書かれたプラカードを持って街角に立つ写真。そして、「今、暴徒化している中国人は、私たち中国人が最も嫌い、変えなければいけないと考えてきた中国の姿です」という若者の言葉。

抗議行動の背景には、中国国内で高まる貧富の差に対する市民の不満が爆発した側面もあると言われている。中国市民の中でも様々な声が交錯しているのだ。

速報性を武器に、短い時間で、事実を伝える作業を試みるテレビニュースは、様々な要因が絡み合う事象に対して、どこまで正確な現場を映し出すことができただろうか。

この日中関係に関する報道については、NHK総合テレビ「ニュースウオッチ9」キャスターの大越健介氏が、「日中間の緊張というモンスターが暴走しないよう、ブレーキを上手に使うとすれば、それも僭越ながらマスコミの役割と言える。（中略）そのあんばいが難しい。考えては堂々めぐりの毎日というのが正直なところだ」と、自らの模索とジレンマを同年9月26日付けのコラムで語っている（http://www9.nhk.or.jp/nw9-okoshi-blog/2012/09/26/）。

このように一部の現場では模索が続いているが、すべての現場でこうした〝立ち止まり〟ながらのニュース制作が行われているとは限らない。

もし、事前に想定した青写真とは異なった事実を現場で見つけ出した場合、その事実をきちんと織り込み伝えようと思うと、制作者には相当の力量が問われることになる。締め切りまで残り1時間。思い描いていたストーリーが破綻し、実は、まったく異なる事象が展開されていたと現場が気づいた時、局内で映像を制作するチームはどのような対応に出るのか。

ニュースのバリューにもよるが、特ダネ級の事実が新たに発掘された場合は、死に物狂いで締め切りに間に合わせる。しかし、事象の本筋は変わらないが、一方で別の事実もあり、状況が複雑であるとわかった場合、対応が分かれる。

良識のある制作者であれば、締め切り時間が迫っていようとコメントを書き換えたり映像を差し替えたりし、また少々構成や編集がいびつになろうと、現場の事実に忠実な映像制作を試みる。

しかし、能力が低く、作業の複雑さを嫌う制作者が責任者として君臨していた場合、その事実は「なかったもの」として扱われ、現場が上げてきた情報や映像が、ニュースに盛り込まれないこともある。

その際の責任者の言葉は、最悪だ。

「これでは、流れが変わってしまう」

こうした制作者側の怠慢と力量不足による、事実の歪曲を見過ごすわけにはいかない。メディアはこれから、インターネットの領域を巻き込み、拡大を続ける。様々な制作者が世の中の事象と向き合い、コンテンツを提供する時代にしていかねばならないはずだ。

3 世界で進行するメディア革命の諸相

「パブリックアクセス」と「オープンジャーナリズム」

以上見てきたような日本メディアの限界をどう乗り越えていくべきかを考えるため、僕はアメリカ滞在中、ＵＣＬＡの学内で行われる学生向けの授業にも参加し、メディア変革の行方について、学生たちと議論も重ね続けた。

例えば、マスメディア論を専攻する学科では、インターネットコミュニケーションが発達した現代における市民の情報アクセス権について話し合われた。情報の受信、発信手段が加速度的に変化を遂げる中で、情報集積地としての報道機関の役割も一定の更新が必要だというのが、この議論での共通の認識だ。

ここでキーワードとして掲げられたのが、「パブリックアクセス」の理念であり、「オープンジャーナリズム」という新たなジャーナリズムの概念である。

パブリックアクセスとは、「国家が有する資源は国民であれば誰でも使うことができる」という権利で、電波はまさに国が管理するものであるから、国民は当然電波を自由に使う権利があるという考え方だ。

日本ではあまり馴染みのない言葉かもしれないが、欧米諸国や韓国、台湾などでは、放送法などによって保障された市民の権利として既に１９７０年代から80年代に導入され、各国の民主主義を下支えしている。

アメリカでは公民権運動などを機に、あらゆる人種が放送を使って情報発信できるよう制度が整えられ、ケーブルテレビ局や各州にある公共放送などが受け皿となった。行政からの補助金や市民の寄付などによって、地元の中学生による野球大会の映像から市民グループが取材をしたドキュメンタリー映像まで、全米で１０００を超えるパブリックアクセス局が運営されていると言われ、幅広いジャンルの番組が常に放送波に乗って各地域

アメリカのケーブルテレビのチャンネル表には
「Public Access」の文字が。

に届けられているのだ。

イギリスの公共放送ＢＢＣは市民制作による専用のテレビ番組の枠を設け、カメラマンやディレクターを市民取材に同行させるなど教育的プログラムも用意し市民発信の底上げに力を入れてきた。

また、韓国の公共放送ＫＢＳは、弁護士や専門家などの有識者で構成される運営協議会なる組織を設け、市民発信の企画を事前に審査するなどしてパブリックアクセスを実行している。軍部政権が倒れ民主政権が誕生したのを機に放送法が改正され、新たに始まった取り組みだ。

こうして見てみると、先進国を中心に民主主義国家では電波の利用は市民の当然の権利として扱われており、マスメディアの視点とは異なる切り口のニュース発信や社会問題に直面した当事者による情報発信の場として機能するなど、パブリックアクセスがその国に多様な言論空間をつくり出す一翼を担っている。

加えて、世界のメディア環境に視点を広げてみると、各国では新聞やテレビなどのマスメディアでの報道制作の現場に、インターネットなどを通じた市民からの発信を取り入れるオープンジャーナリズムを開拓しようと模索する動きが盛んに行われている。

オープンジャーナリズムとは、SNS（ソーシャルネットワーキングサービス）等の発達にともなって議論されるようになった概念で、従来、編集権を主張し特定の職業メディア人たちによって行われてきた取材、執筆・撮影、編集作業に、一般の非メディア人が制作者の一人として関わる取り組みを指す。

こうした先進的な事例のいくつかを、ケーススタディとして紹介したい。

ガーディアン紙が先導するオープンジャーナリズムの実践

その代表例と呼べるのが、およそ2012年に始まったイギリスの大手新聞「ガーディアン」の取り組みだ。同紙は「次代の報道にオープンジャーナリズムの実践は不可欠だ」として、インターネットを駆使した市民参加型の新しい報道のスタイルを確立しようとしている。

「Open Journalism」と銘打ったガーディアンのサイト（http://www.guardian.co.uk/media/open-journalism）では、〝ジャーナリストは世界で唯一の専門家ではない〟と語る編集長の言葉とともに、市民が執筆した記事や撮影した写真が並んでいる他、市民からの様々な意見や質問をもとに記者が取材を進めた記事などが掲載されている。

例えば、内戦が続くシリア、政府に対するデモが加熱しているトルコの状況について、ガーディアンでは随時一般からの写真や記事を受け付け、サイト内で現地ルポを集約。良質だと判断したものはそのままトップサイトに掲載した。「写真に写っている女性たちに向け、このあと警察官が発砲した」などと、反対運動の渦中にいる市民が直接サイトに随時投稿していった。1面にはガーディアンの記者が取材した記事とさらに生々しい現場を捉えた一般人による写真が並んだ。

他にも、今年7月22日午後（現地時間）、イギリス王室は、ウィリアム王子の妻キャサリン妃が、ロンドン市内の病院で男の子を出産したと発表。ガーディアンをはじめイギリス主要メディアの報道は一気に過熱しロイヤルベビー誕生の話題一色になった。そうした中、ガーディアンの専用サイトでは「赤ん坊は王室だけではない。あなたのストーリーを」という一般からの投稿記事コーナーが設けられ、同じ日に生まれた赤ん坊の親たちがそれぞれの思いを語り、写真が次々と投稿されていった。主役は王室ではない、一般の市民たちだといったメッセージを強く打ち出した。

ガーディアン自身による情報公開の徹底ぶりにも驚く。特筆すべきは「The Guardian's open newslist」というページだ（http://www.guardian.co.uk/news/series/open-newslist）。ここではガーディアンの編集部が、その日のニュースオーダーを決めていく様子をリアルタイムで公開している。どんな記事を準備し、誰が取材をしているのか、これまでブラックボックスだったニュースセンターの心臓部に、誰でもアクセスできる環境をつくったのだ。

編集権は編集長に委ねられたままで、市民自身によってニュースオーダーの変更はできないものの、リストにはニュース項目ごとに取材者の名前も添えられており、Twitterやメールを通じて、彼らに対して意見を述べることができるようになっている。

さらにサイトでは、オープンジャーナリズムを実践する狙いを周知するために、人形劇仕立ての動画も掲載し、ガーディアンへの参加を呼びかけている（http://www.guardian.co.uk/media/video/2012/feb/29/open-journalism-three-little-pigs-advert）。動画では、保険金詐欺の事件を報じたメディアの情報を、ＳＮＳで繋がり合った市民が様々な角度から検証し合い、マスメディアが明らかにできなかった新事実を見つけ出して社会運動にまで発展させるというストーリーが描かれている。これはインターネットの発達で、既存メディアの一方的な発信に対して懐疑的な思いを抱く市民に対する、信頼向上に向けてのメッセージだ。

同紙の取り組みは、ＳＮＳの発達で、マスを構成する市民自身による情報の相互検証が可能になったことを受けての新たな試みだ。インターネット上でやりとりされる情報の真偽をＳＮＳの参加者同士が互いに検証し合うことで情報の確度を保つことができるという仮説に基づく意欲的な試みでもある。

科学者や法律家などをはじめ、固有の能力を持つ市民が広く取材活動に参加することで、より迅速に専門的な報道を行えるという期待もある。

ガーディアン紙のアラン・ラスブリジャー編集長は、インターネットの利用が前提となった現在のジャーナリズムは、大量生産で新聞を発行し、上意下達で情報を受け手に届けた「19世紀から20世紀型のジャーナリズム」とは一線を画すと語り、「ジャーナリストは専門家ではない。世界の様々な問題について、他者の意見を入れなければ物事の十分な説明はできなくなった。読者に対してオープンに、参加を奨励し、ネットワーク化を強めることで、真実により近づくことができる」と、ジャーナリズムそのものの在り方に更新が必要だと説明している。

インターネット後のメディアは、大きな変革期を迎えている。このように世界の動きに目を向けると、これまでの概念を打ち破る新たなジャーナリズムの試みが、様々なかたちで歩みを始めているのがわかる。

パレスチナ紛争におけるCNNやアルジャジーラの試み

次はテレビのメディア改革を見てみよう。

2012年秋の停戦合意後も緊張関係が続く、イスラエルとパレスチナ。同年11月、イスラエルによる空爆でパレスチナ側に女性や子供など多数の民間人の死傷者が出た際には、アメリカ国内でも報道が過熱した。

実はこの紛争では、イスラエル・パレスチナ双方の軍や関係者が、攻撃や被害の状況を自らTwitterやFacebook等を使ってリアルタイムで発信していた。イスラエル国防軍は、Twitterのアカウントで、ガザに対する宣戦布告を世界に向け発信した。攻撃の様子などを写真付きで随時ツイート、自らの正当性を主張するメッセージを織り交ぜるなどプロパガンダ攻勢も展開し、戦場ジャーナリストたちによるリポートよりも先に、マスに対して情報発信を行っていった。

そうしたツイートに呼応するように、ガザからの発信もスタート。ロケット弾が着弾した地域から、住民や地元ジャーナリストの発信が相次いだ。また Twitter 上では、同じ話題をまとめて論議できるハッシュタグ「#GazaUnderAttack」が設定され、現場からの直接ツイートによるテキスト、写真、動画などの情報が溢れた。

こうした中、CNNは、市民からの情報や映像を募集し、集約するインターネットサイト「CNN iReport」を徹底的に活用した。

CNN iReport に投稿された一般からの情報や映像が、良質なものと判断されるとそのままニュース番組でも紹介される仕組みだ。今回CNNは、ここに寄せられる情報を活用し、イスラエル・パレスチナ双方の現地市民に直接コンタクト。インターネットのテレビ電話を使って、ニューヨーク、イスラエル、ガザの3地点を同時に結んだライブインタビューを報道番組で敢行した。インタビューの最中には、イスラエル軍の空爆によって、大きな爆発音とともにガザ側の市民とを繋ぐ回線が一時寸断される場面もあり、紛争に巻き込まれる市民の様子や肉声がリアルタイムで報道された。

また、対立する両地域の住民が「犠牲になるのはいつも市民だ」と、共に和平を訴える様子も放送され、市民による直接発信とテレビ放送の協業によるニュース報道の新たな姿を提示した。即時性や中立性が問われる戦争報道の在り方に一石を投じる試みだった。

一方、中東衛星テレビ局アルジャジーラは、これまでなら軍事衛星やレーダーなどを活用しなければ全体を把握できなかった「リアルタイム戦争マップ」の作成に挑んでいた。

この「AI Jazeera Interactive」と名付けられたサイトでは、GPSの位置情報が付加された市民の「Twitter」などを利用した様々な調査報道が展開されている。いわゆるビッグデータ解析によるデータジャーナリズムの実践だ。

アルジャジーラは、イスラエル、パレスチの緊張関係が深刻化する中、それぞれの現地から発信されるSNS上の情報を独自に集計・分析、「Twitter」などのコメントに付加された位置情報から、それぞれの発信地点を割り出し、地図上に落とし込んでいった。

イスラエル側の「Twitter」で、ロケット弾の発射地点がわかり、ガザ側からの発信で、着弾地点を特定。被害はどの程度だったのか、建物を破壊したのか、死傷者が出たのかなど、刻々と変化する戦争の状況を現地からのSNS発信をもとに再現していったのだ。この「リアルタイム戦争マップ」はアルジャジーラの報道番組の中でも取り上げられ、放送波に乗ってより多くの人々に届けられていった。

SNS上に散らばる現地からの発信を集約・分析して伝える新たな戦争報道の姿に、僕も目を見張った。一方的なプロパガンダやデマも、双方からの情報を総合的に見渡すことで、ある程度見破ることができるのではないか、という可能性を感じた。

かつて、インターネット以前の戦争報道では、攻撃や被害の全体状況の把握は、まずは当局からの発表に頼らざるをえなかった。そうした情報を検証するため、戦場ジャーナリストが紛争地域を訪ね歩き、取材を重ね、攻撃や被害の実態を伝えてきたのだ。丁寧に声を拾い上げていくためには、こうした手法はこれからも絶対に必要だ。

だが一次情報保持者が直接発信する時代になると、メディア側がこうしたデータを活用することで、結果的に権力側の動きを市民が監視する本来のジャーナリズム精神を、より強く全うできる可能性が高まっていくはずだ。

デジタル技術を駆使した調査報道に向けて

利那的なテレビの世界は、どうしても安易なストーリー化やセンセーショナリズムに陥りやすい。こうした限界を克服するため、デジタル技術を事件や災害の実態把握に活かし、報道の精度を高めようとする研究も行われている。

例えばＵＣＬＡのDigital Humanitiesで15年にわたって教鞭をとるヨー・カワノ氏らのチームが手がける、ＧＩＳ（Geographic Information System：地理情報システム）の応用だ。これはコンピューター上で地図情報を構築し、そこに人工衛星で得られた情報や現地踏査から得られた情報などをデータ化してシンクロさせていく技術で、従来は科学的調査や、土地、建物、道路などの地理情報の管理、都市計画などに利用されてきた。コンピューター技術の発達にともない、扱える情報量が飛躍的に増えたことや計算処理能力が向上したことから、例えば刻々と変化する気象情報などもリアルタイムでシミュレーションして検証できるようになったので、身近なところではGoogle Mapなどの基本技術になっている。

こうしたＧＩＳ技術の延長線上に、カワノ氏らはDigital Humanitiesのデイビッド・シェパード助教授らとチームを組んで、Twitterなどソーシャルネットワーク上で膨大にやりとりされるテキストデータやメタデータを地図情報とリンクさせ、社会現象を可視化する分析法を研究している。

例えば「アラブの春」と呼ばれる中東での革命について、当時Twitterなどでやりとりされたデータを集め解析し、それぞれのツイートに付加されていたGPS情報などをもとに情報の広がりを再現。一方で人々がどのような文言によってインターネット上で結ばれ、結集し革命に繋がったのかなどが分析可能になった。

また、東日本大震災では、2011年3月11日からの1カ月間で7億を超えたツイートの中から、キーワードを抽出し頻度別のデータベースを作成。それぞれの文言を人間の感情表現に置き換え、「喜び（Happiness）」「怒り（Anger）」「哀しみ（Sad）」「恐怖（Fear）」「恥（Shame）」「好意（Like）」「不愉快（Unpleasant）」「不安（Nervous）」「安心（Relief）」「驚き（Surprise）」という10のカテゴリーに分類。その上で具体的な文言を分析すると、最も多かったのは「好意（Like）」。次いで「安心（Relief）」、「不安（Nervous）」と続いたという。

つまり、被災した人々が他者の好意や安心を求めたり賞賛したりする内容が多く、いわゆる〝絆〟の実感がどのようなかたちで人々の間に広がり、使われていったのかが見てとれる。逆に、震災から時が経過するにしたがい、絆とは対局にある「不信」や「不満」を示す文言が増えていったことも興味深い。

このように震災を通じて自分たちの技術を人々の防災に役立てることができないかと考えるようになったカワノ氏は、「デジタル技術と調査報道は相性がいい。より緻密な分析とわかりやすい情報発信が実現できるかもしれない。メディア企業は、自分たちの前時代的な手法から脱して、テクノロジーとジャーナリズムの融合を徹底的に模索する時期に来ている」と提案する。

そして災害やテロ等のリスクから都市をどう守るかを探るため、2013年春からは日本とアメリカの交通インフラや安全対策の課題を浮かび上がらせる実態調査を開始している。

開かれたニュースメディアの確立には、こうした技術を駆使した地道な調査手法との連携が不可欠だろう。

オープンに収集された情報を扱うリスク

もちろん、こうしたデジタル技術の発達に依拠したオープンジャーナリズムにはリスクもある。

ＵＣＬＡの映像メディア関連の専門学科「Theater and Film, Television」で聴講した授業「Electric culture」では、メディアの歴史をひも解きながら、テクノロジーの進化が人々の情報発信・受信にどのような影響を与えるのかが話し合われた。とりわけ白熱したのが、映像の加工技術の進化についての議論であった。

例えばハリウッド映画などで顕著なように、ＣＧ技術が実写と見分けのつかないレベルに達して既に久しく、受け手の側もまた意識的に区別せずに情報を取り込んでいるケースが主流になりつつあるという調査結果などが共有された。こうした映像の加工が、アメリカでは映画の世界だけでなくテレビや新聞などの報道分野でも行われ始めており、現在その是非が盛んに議論されている。

僕自身も、日本では見かけない報道カメラマンのある行動に驚いたことがある。２０１２年10月、オバマ大統領と共和党大統領候補ロムニー氏の討論会が行われたコロラド州デンバーを訪ねた際、地元の飲食店で討論の様子を見ながら酒を飲んでいる若者たちを取材した時のことだ。

隣でニューヨークタイムズのカメラマンも同様の取材を行っていたので挨拶を交わし、昨今のメディア事情などについて短く意見交換をした。撮影を終えたカメラマンは、店の窓際に腰掛け、写真のデータをカメラから手元のパソコンに移し始めた。驚いたのはその後。彼はパソコンの映像加工ソフトを起動して、撮影した写真の色調やフォーカスの度合いなどを調整し始めた。

すると、実際にはやや薄暗かった店内の様子が、写真では鮮明になり、さらに奥行きが感じられるようになる。その結果、カウンターでテレビを見つめる女性2人の背中のシルエットが、オバマ、ロムニー両候補の様子とともに印象的に浮かび上がった。

写真を加工するニューヨークタイムズカメラマン。
(2012年10月・デンバー)

修正は2、3分で終わり、その写真はメールに添付されて、ニューヨークタイムズの編集部に送られていった。カメラマンによるとすぐにデジタル版に掲載される予定だという。彼に「現場で写真を修正してしまうんだね」と聞くと「クオリティが上がるので、最近は増えているよ」と返ってきた。

確かに近年、ニューヨークタイムズの電子版は時にCGを駆使した映像なども使いながら視覚効果を狙った紙面づくりを積極的に展開するなど、新聞という枠組みから脱した新たなメディアづくりに力を入れている。写真の修正もそれほど抵抗がないのかもしれない。

大学の授業では、こうした報道写真の修正について「とんでもない」と語気を強めてニューヨークタイムズのカメラマンの行動に物言いをつける学生もいた。現場でとった写真に修正を加えるのは事実をねじ曲げることに繋がる、やるならその旨注釈するべきだというのが、その学生の主張だ。

一方で「ないものをあるように合成するわけではないし、そんなに問題なのか？」という意見や「フィルムの現像時に色調や風合いが変わることもあるが、それとは違うのか？」などと様々な声が上がり、議論が続いた。

そうした中、秋に入って報道写真に修正を加える行為について、アメリカメディアの間で広く話題になる出来事があった。

Instagramというスマートフォン向けの写真SNSを活用したことがあるだろうか。このサービスは、スマホで撮影した写真にアプリ操作で色調、フォーカス、陰影、トリミングなどの加工を施し、周囲をぼかしたり臨場感を高めたりと、誰でも簡単にプロ並みの視覚効果を得ることができる。こうして修正・加工された写真をTwitterのように瞬く間にネット上で共有・拡散することも可能で、Facebookが10億ドルという多額の資金を投じて買収し、世界で4000万人が利用している話題のサービスだ。

そして2012年にニューヨークをはじめアメリカ東海岸を襲ったハリケーンSandyの報道に際して、大手メディアがInstagramによって加工された一般からの写真を積極的に放送や紙面で使用したことが話題になった。

とりわけ雑誌「TIME」は、専属のカメラマンたちがInstagramを使って加工したSandy関連の写真を多数掲載したのをはじめ、一般からも広く写真を募集し記事を構成していった。ニューヨークに迫る暗雲と荒波、破壊された家屋や倒れた木々。色調が強まっていたり、陰影がより濃く浮かび上がっていたりとそれぞれの風景がよりドラマチックに表現されている。

同誌の写真部ディレクターであるキラ・ポラック氏は、Instagramを使った報道写真を導入したことについてこう理由を語っている。

「報道機関として、より広く迅速に現場の写真を手に入れることは私たちの使命でもあります。Instagramを使えば、市民がそれぞれ捉えたニュースの現場写真をこれまでよりも簡単に手に入れることができます。写真の加工でクオリティも上がっており、人々の関心をより摑むことができるのが魅力です。新しいテクノロジーには常に好奇心を持って接していたい、というのが導入の狙いです」

Instagramを使った写真は、TIMEだけでなくCNNも一般から募集し報道に使用している。アメリカのテレビ局CBSの取材によると、Instagramによって投稿されシェアされたSandy関連の写真は80万枚に及ぶという。まるで映画のワンシーンのように加工された写真もあり、現場の実情を伝える報道写真としてこれらを扱うことの是非について、アメリカ国内のメディアでも様々な検証が行われた。

UCLAでの学生らによる議論では、映画のCG映像のような視覚効果は見る者を煽動し、事実を逸脱したメッセージにならないかという意見が出た一方で、デジタル化による現像技術の進化と捉えればさほど問題視する動きではないという声も多く、20代、30代のデジタル世代からは好意的に捉える声が聞かれた。

より本格的なパソコン用の画像加工ソフトであるPhotoshopのように、あるものを消したり合成したりするまでの加工はできないことから、白黒からカラーになった場合と同程度の違いだろうという結論に達し、報道そのものの本質を損なうものではないという意見で一致した。

とはいうものの、一方でSandy襲来時にTwitterやFacebookなどでは、Instagramで投稿された写真などに混ざってデマ写真も出回った。例えば「水に浸かった街にサメが出現しているので注意」とコメントが付けられた写真。浸水した街にサメのシルエットが巧妙に合成されており、ぱっと見では本物かどうかを判別するのは難しい。

他にも、自由の女神が巨大な渦巻き状の雲に襲われようとしていたり、津波がニューヨークを呑み込もうとしているなど、人々の不安を煽るような写真が、あたかも事実のようにして出回った。

また、写真ではなかったがTwitter上で流れてきた「ニューヨーク証券取引所の1

階部分が膝まで水に浸かってしまった」という情報をCNNがそのまま一報し、その後訂正することになったという出来事もあった。

そうしたデマ写真や情報の大半は、半日から1日以内に、書き込みを見たSNSの利用者たちが自分たちで検証を行い情報の真偽を明らかにしており、大きな混乱なくやがて鎮静化した。

しかしニューヨーク市議のピーター・バロン氏は、デマの発信者を刑事告発する厳しい姿勢を強調し「流れてきた情報が瞬間的にデマかどうかを判断する能力を持つのは、今の技術では可能とは言い難い。しかしSNSの拡大や技術の発展は日々続いており、無防備なままではいられない。メディアでの利用も増えた。厳しく取り締まることも手段の一つだ」と語っている。

メディアへの市民の参加は好ましい方向性だが、一方で情報の確度をどう保つのかは、専門能力を持つ報道機関にとっての大きな課題だと言える。

「次世代型世論調査報道」の可能性と危険性

加えて、政治的な意思決定に関わる領域では、デジタル技術を駆使した調査と報道が、従来以上に大きく人々の選択を左右する可能性と危険性にも注意しておかなければならない。

そうした事態が最も顕著に表れたのが、接戦の末に現職のオバマ氏が再選を果たした先のアメリカ大統領選挙での「次世代型世論調査報道」だ。

２０１２年10月３日、アメリカ中西部コロラド州デンバーで、大統領選挙に向けた

デンバーでの討論会の様子。（2012年10月）

初めての候補者ディベートが開かれた。民主党オバマ大統領と共和党ロムニー氏が経済政策を中心に舌戦を交わし、会場のデンバー大学周辺は討論を傍聴しようとつめかけた大勢の市民の熱気に包まれた。

CNNやワシントンポストなど主要メディアの調査によると、ディベートが行われる直前の両候補者への支持率はそれぞれ40％台後半から50％台前半と拮抗しつつも、現職のオバマ氏がやや優勢であると伝えられており、共和党ロムニー氏がディベートで巻き返しをはかれるかに注目が集まっていた。テレビ各社の報道も過熱し、富裕層への課税強化などで中間層の底上げを目指すオバマ大統領か、それとも規制を緩和し企業などへの減税策で大規模雇用を生み出す公約を掲げるロムニー氏か、低迷するアメリカ経済の回復を目指す両者の政策分析が連日続いていた。

そうした一連の選挙報道で、一般的に最も活用されるのは有権者の投票行動を予測する「世論調査」である。日本メディアでも選挙報道には欠かせない手法だが、この大統領選挙では、アメリカのテレビ各社がＩＴ企業と手を組み、これまでにない新たな手法で速報性と分析力、そして情報の伝達性を高めた報道を行ったと胸を張る。

彼らが実施した「次世代型世論調査報道」とは何だったのか。

インターネット検索最大手のGoogleは、ソーシャルネットワークを活用した世論調査を展開。ディベートが行われている最中に、彼らが運営する「Google+」の利用者などを対象にネット上でアンケート調査を実施した。「ディベートの勝者はどちらか？　オバマ／ロムニー／勝者なし」「富裕層への課税に賛成か？　Yes/No」などといった設問に対する回答が、地域や年齢など回答者の属性情報とともにネット経由で送信される仕組みだ。Googleのサーバーに届いた情報は、すぐさま年齢別、年収別などに分類され、グラフ化されていく。

討論会の会場内に設けられたメディアセンターでは、Googleが独自のブースを構え、大型画面にリアルタイムで更新される「世論調査」の結果を映し出しメディア向けに情報を提供。Googleと提携しているアメリカＡＢＣ、衛星テレビ局ア

会場でもGoogleがリアルタイム世論調査の結果モニターを展示。

ルジャジーラ、ニューヨークタイムズ等は速報的にそれらの情報を配信した。

会場で話を聞いたGoogleの担当者は「SNSを利用した世論調査の最大の強みは属性に応じた行動分析をリアルタイムで行い、発信できること。電話をかけたり、街頭に立って紙を配ったりしなくても情報が集まってくる。今回のように〝年収によって減税か増税か分かれる〟といった候補者の政策に対しても即座に反応できる」と語っていた。

確かにGoogleが行った分析結果を眺めてみると、興味深い結果が浮かび上がる。アンケート調査の参加者およそ3000人のうち、年収が2万4000ドル以下のいわゆる低所得者層ではオバマ大統領への支持が圧倒的だったのに対し、2万5000ドルから4万9000ドルの所得者層では、ロムニー氏への支持がオバマ氏を上回っており、オ

プレスセンター。

バマ氏が取り込みたいとする中間層からの支持が思うように伸びていない側面が見てとれた。

一方でこうした調査の結果は誰でも手元のスマートフォンやタブレット型端末でGoogleの専用サイトから閲覧することができ、選挙への〝参加感〟を高める効果も加えていた。

こうしたSNSを活用した「世論調査」でとりわけ圧倒的な影響力を見せたのがCNNだ。CNNは、世界に10億人とも言われる利用者を抱えるFacebookと提携、サンフランシスコに本社を構える新興メディア企業SnappyTVの技術を利用して、放送とインターネットを巧みに連動させた「世論調査報道」を展開。ディベート終了直後にどこよりも速く「勝者はロムニー氏」と打電し、各国のメディアによって瞬く間にその一報が世界中を駆けめぐった。

どのような世論調査を展開したのか。まず、CNNが運営する、大統領選挙専用サイト「CNN Politics」を開くと「Vote?」というバナーが現れ、クリックするとFacebookのアプリケーションが自動的に起動する。Facebookのアカウントを既に持っている利用者であれば、そのままCNNの専用サイトにログインすることになり、本人の属性に関わる情報がサイトを運営するサーバーに提供され始める。専用サイトではディベートに関するアンケートを実施、利用者の回答はインターネット経由でデータベース化され、年齢、地域、性別などの属性によって分類されていく。

ここまでの動きは、先ほど報告したGoogleの取り組みとあまり変わらないが、異なるのはこの後。テレビとの連携を前提にした「SnappyTV」によるソーシャル分析の供給と独自の拡散システムである。

一つは、ソーシャルネットワーク上でやりとりされているディベートに関連する〝単語〟や〝フレーズ〟をリアルタイムで拾い上げ、毎分単位で〝話題率〟としてグラフ化して提供する技術だ。今回ロムニー候補はディベートの中で財政再建への道筋として補助金を削減することを強調し、こんな発言をした。

「私はセサミストリートのビッグバードが好きだ。しかし残念だが番組を放送しているPBS（公共放送）の補助金の打ち切りも検討せざるをえない」

ロムニー氏のこの発言に、ディベートの司会者であり、公共放送でニュース番組も担当する男性キャスターが苦笑いを浮かべる場面があった。

CNNはディベート終了直後のニュース番組から繰り返しその映像を取り上げ

「ビッグバードに対する同情の声が聞かれる。補助金を削減するなどした財政緊縮策への市民の関心は非常に高い」と報道した。この〝市民の関心は高い〟という分析の根拠となったのがSnappyTVによって解析されたSNS上での〝話題率〟だった。「Bigbird」という言葉が1分間に何回以上飛び交ったのか具体的なデータをほぼリアルタイムで手に入れることによって、ややもすると「空気」でしか読み取れない一般の関心や反応をいち早く、根拠を持って報道した。実際、Twitter上ではハッシュタグ「#Bigbird」を通じて「ビッグバードが失業する」「子供たちを誰が面倒見るんだ」「PBSに切り込むロムニー氏の案は具体的だ」といったやりとりが盛んに交わされていた。

さらにSnappyTVは「クリッピング編集」という技術を供給し、ニュースの拡散力にドライブをかけた。クリッピング編集とは、インターネットでライブ配信しているストリーミング中継動画の一部や、制作者サイドでコンパクトに抜き出した映像を即座にFacebookやTwitter上にアップロードできるというもの。これまでテレビ局が中継映像を編集する場合は、一度テープやハードディスク上に収録し、編集機を使っての作業が必要だった。

その映像をさらにSNS上にアップするとなると映像データの圧縮や標準化などの作業が加わり手間がかかるが、SnappyTVの技術は、PC画面上ですべての作業を短時間で行うことができるため、簡易なシステムだ。

先に挙げたビッグバード発言に関する一連のやりとりがこのクリッピング編集によりアップされるや否やFacebookでのシェアやTwitterでのリツイートが重ねられ、大統領選ディベートの印象的シーンとしてネット上に拡散されていった。ディベート終了直後、CNNが打った速報は「勝者はロムニー」。〝オバマ氏に比べて具体的な政策が打ち出され、実行力を予感させると評価する声が多い〟というのが理由だった。今回、繰り返し報じられたビッグバードへの〝解雇通知は〝実行者ロムニー〟というイメージを想起させる装置の一つとして機能する結果になった。

テレビメディアとITメディアの巨大インフラ同士が共に手を組むことで、一連の報道に触れていなかった一般のSNS利用者を自分たちの「選挙報道」への参加者に仕立て、結果的に「世論」を増幅させていく構図も浮かび上がる。情報の受け手の主観形成に影響を与え、それらを客観データとして即座に刈り取って採用するマッチポンプのような側面も孕んでいる。確かに、電話アンケートや直接の聞き取りによって進められてきた従来の調査に比べると圧倒的なスピード感で世間の空気をあぶり出す。こうした一般の声が広くメディアによって取り上げられる仕組みは民主的だと評価する声もある。

しかし、短期間に形成された「世論」はひょっとしたら〝未成熟な果実〟かもしれない。熟考の機会を経て分析された社会の空気とは性質が異なる。前述した一連の仕組みによって提示された世論が「SNSの声を反映している」からといって、社会の実像を映し出す証文になるとは限らない。即物的なメディア発信に対して、我々は無防備であってはならないのだと釘を刺しておきたい。

メディア改革を推進する投資家たちのマネタイズ体制

ニュースメディア改革の先端の現場では、報道内容とともに媒体を支える収益構造の面でも大きな変動が起きている。

2013年2月、ニューヨークタイムズは創業以来初めて購読収入が広告収入を上回ったと発表した。スマホやタブレット型のアプリが好調で、電子版の有料会員数はこの1年で16%増加して66万人になり、それまでの広告依存体質からの脱却がなされたのだ。これはジャーナリズム機関として、重要な進歩だ。

　僕が1月にラスベガスで開かれた世界最大の家電ショー「CES」を取材した際にも、ニューヨークタイムズがブースを出展しているのを見つけ、とても興味深く感じた。ブースの中では、至るところにタブレット型端末が並べられ、電子版を主体とした新たなサービスの提案などを社員が積極的に行っていた。

　さらに長蛇の列ができていたので何かと思い覗いてみると、担当者がタブレット型端末のカメラで来場者を撮影していた。聞くと、新聞記事で使われる文字フォントを使って、ポートレートをつくるサービスだという。

CESのニューヨークタイムズのブース。

会場を案内していたベテラン風の社員に「家電ショーに新聞社が出展する時代なんですね」と話しかけると「紙にこだわっていたら死んでしまうよ」と返ってきた。デジタルへの移行に生き残りをかけるという思いは、末端まで浸透している様子だった。

そうした変化の大きな転機になったのが、ニューヨークタイムズが２０１２年６月に行った大きな人事異動だった。ここで世界のデジタル技術の牽引役でもあるＭＩＴメディアラボ所長の伊藤穰一氏と、マイクロソフトでオンライン広告の収益源構築を担当したブライアン・マックアンドリュース氏を取締役に招聘した。そして同年９月、彼らにより新たに組織された取締役会が、イギリスＢＢＣ会長でデジタル戦略に精通したマーク・トンプソン氏をＣＥＯに迎えることを決定し、経営陣を刷新。本格的なデジタルメディアへの生まれ変わりに向けて舵が切られたのである。

以来ニューヨークタイムズは、ソーシャルネットワークを活用した双方向性の向上に力を入れ、デジタル技術を駆使した映像やＣＧを取り入れた電子版の紙面づくりに積極的に取り組んできた。彼らは先述の Instagram のような写真加工ＳＮＳまで積極的に採用し、新たな読者層の開拓に力を入れた。

伊藤穰一氏は常々「大手メディアの凋落は民主主義の発展を阻害する」「ニュース

ルームに革命が必要だ」と語っており、市民とメディア側が共に情報を分かち合い発信するソーシャルネットワークを活用した新たなジャーナリズムの在り方を完成させる必要があると強く訴えてきた人物だ。ニューヨークタイムズのV字回復は、こうした次世代メディアの創造を目指す経営陣の強い思想によりもたらされたものだ。

さて、こうしたニューヨークタイムズの変化を横目に、改めて日本のメディアを眺めてみると、経営陣の総入れ替えが必須であることを思い知らされる。

新聞の電子化への取り組みは、先行する日経電子版有料会員数が25万人強。社長の年頭挨拶でもデジタル部門の強化を打ち出した朝日新聞は今春10万人に達する見込みだ。一方、1000万部を死守しろという会長からの檄が飛ぶ読売新聞も、格安の電子版サービスを去年スタートさせたが、紙の新聞とセットでなければ電子版の購入ができないとあって利用者からあまりよい評判は聞かない。紙の部数は1000万部を割り、減少が続いている。

マスコミ業界を見渡してみると、管理職以上の経営に携わる〝大人〟たちでデジタル技術に対応できる人材は非常に乏しく、特に新規参入規制により保護されてきたテレビ業界では、年功序列による劣化が激しい。インターネット草創期に青年期を過ごし、その後業界入りした今の40代半ばから後半世代の管理職の奮闘は時々耳に入るが、その上からの承認を取り付けるのに非常に苦労しているのが現状だ。

しかも、安定した経営基盤でメディアの牽引役とならなければいけないNHKはトップがJR東海出身。メディア変革に対応できる経営者なのかどうか非常に疑問が残る。日本のメディアは、このままでは明らかに世界とは闘えない。

4 日本版パブリックアクセスの実現に向けて

日本でのパブリックアクセス実現を阻む既得権益

それでは、日本でのパブリックアクセスやオープンジャーナリズムを実現するためのメディア改革への道筋を、どう構想していくべきなのか。

実は日本でも２００９年の民主党への政権交代直後から、当時の原口総務大臣が有識者による部会をつくるなど、パブリックアクセスに通ずる抜本的なマスメディア改革を行うための具体的な放送法改正の機運はあった。

例えばテレビなど電波事業の認可を総務省ではなく、第三者機関に委ねるべきだという話や、放送と通信の融合、いわゆるクロスメディアの発達における既存メディアの集中性についての課題やルールづくりなどについて、議論がなされていたのである。

そしてその陰では、大手テレビ局によるインターネット事業参入への可能性についてロビー活動が積極的に行われていたという。インターネットを媒体にした次世代メディアへの参入を、喉から手が出るほど欲しているのは、実は公共放送を含めた在京大手テレビ各社だからだ。つまり、自らの資本力とコンテンツ制作力をもって本格的にインターネット事業に参入することを、本音では願っている。落日のメディア「テレビ」からの脱却が自らの経営を維持する生命線であることには、業界の人間ならずとも本当は誰もが気づいているのだ。

しかしながら、そんな在京テレビ局の動きを「絶対に許すまじ」と阻んだのがローカル民放各局だったという。インターネットによる番組送信では、東京や大阪といった「キー局」からの電波を中継する「ネット局」が不要になる。それは放送免許という資産を保持するローカル局にとっては、既得権益の喪失を意味する。

デジタル戦略のプロジェクトをきっかけに懇意にしていたNHK幹部が、こんなことを言っていた。

「本当はネットでがんがん番組を流したい。でも民放さんのローカルネット各局からの圧力が相当強くて調整が難しいんだ」

そして潰されてはたまらないと、逆に彼らによる猛烈なカウンターロビー活動が行われ、民主党政権が掲げた放送行政改革は立ち消えになってしまったのだという。

残念な話だ。そこにクリエイティビティは存在しない。

彼らの既得権益を守るために、放送と通信の融合は進まない。テレビ局が淘汰され、電波に空きができれば、それを市民に開放することだってできる。パブリックアクセスが実現され、市民が自由にそうした放送波を自分たちで利用できるようになれば、バイアスのかかった馬鹿馬鹿しい横並びのニュース番組を見せられるために電波を利用されなくても済む。

だから、声を大にして言うべきなのだ。

「潰れるのはもう仕方がないよ。改革をしないのであれば、早くそこをどいてくれないか」と。

現在行われている取り組みとこれからへの課題

このように、在京キー局に地方ネット局がぶらさがる既得権益構造に縛られた現在の日本の電波行政では、パブリックアクセスは法律によっては保障されていない。放送事業者の参入障壁は高く、特にテレビ事業で市民が独自に地上波を使って情報発信することはほとんど行われず、地域のケーブルテレビ局やラジオ局などが一部実践しているだけに過ぎない。

本来であれば「皆さまの」と言われるNHKこそが、公共放送としてその受け皿となるべきである。同じ公共放送であるイギリスBBCや韓国KBSがそうであるように、放送法を改正してNHKが持つ一定の放送時間のうち何割かを一般の人々に開放した上で、放送局側の取材では届かない地域の課題や当事者からの問題提起が行える闊達な言論空間をNHKが用意してもよいのではないかと僕は考えている。複数の地上波とBS波チャンネルを持ち、受信料制度によって支えられている公共放送こそが、その役割を担うべきなのだ。

そうした制度上の制約の枠内ではあるが、現状辛うじて行われているNHKでの市民参加型番組を検討するなら、総合テレビで毎週日曜夜10時40分から放送の「特ダネ投稿Do画」がある。

動物が立ち上がって楽器を弾いたり、ちょっと変わった料理の調理法を紹介するなど、一般の人たちが日常生活で見つけ出した小ネタを自ら撮影、NHKの番組サイトに投稿し、その中から面白いものは放送で流されるという仕組みだ。

番組提案者によると、これもパブリックアクセスを意識した草の根的な取り組みだとのことである。だが、内容的には「面白ネタ」が中心で、社会問題や政治などについて市民の意見、視点が表現される枠とは言いづらいだろう。

報道系の番組では、深夜11時30分から月〜金で放送している「NEWS WEB」がTwitterと連動させた体裁をとり実験的にニュースの評価を視聴者に下してもらう試みを2012年から始めている。

しかし、あくまでも放送している報道内容に関して、視聴者がどのような意見を持っているのかを共有する枠にとどまっており、パブリックアクセスが掲げる、ニュース制作に市民が関わる仕組みとは異なる。毎回Twitterで5000件以上のコメントが寄せられるが、30分間の放送で文字スクロールとして紹介するのは250件強。実際に放送でキャスターがツイートに触れて議論を喚起するケースはさらに減って十数件。参加型とはいえ圧倒的に放送時間が足りず、ゲスト間での議論や解説が言葉足らずで終わってしまうケースもあり、まだまだ改善の余地が残っている。

僕自身も退職までの1年間、NHKの報道局幹部をはじめ、人事部や編成局、アナウンス室などに対し、パブリックアクセスの導入を念頭に具体的な提案を続けてきた。

欧米やアジア各国の取り組みを紹介しながら、例えばニュースセンターの中に、政治部、経済部、社会部、国際部に加えて市民記者「市民部」といった部署を新たに設けることや、スマートフォン向けのアプリを開発し、手元の端末から発信された市民の映像や情報を集約し災害報道に役立てる仕組みなど担当者の前でプレゼンテーションを行ったりもしてきた。NHK局内では少しずつ変化が生まれ、報道局にはネット上の情報をチェックしネット向けに発信するのを専門とする「ネット報道部」が立ち上がり、僕が提案した災害用アプリの開発も一部が採用された。

しかし、放送局の編集権と切り離されたかたちで市民が放送に参加するための抜本的な取り組みには至っていない。玉石混交の情報を放送局内でどのように扱うのかリスク回避の方法が見いだせず、議論のテーマとして深まらない。

それには放送法や電波法の改正に加え、メディアに参画する市民の情報リテラシーの底上げや社会事象に対して向き合い発信していくという意欲の喚起、さらには撮影や編集技術の底上げなど教育・啓蒙的な活動を広げ発信者の裾野を広げていくことが必要ではないだろうか。

一方で、パブリックアクセス導入時に各国メディアは共通の課題を抱え、それを乗り越えるために教育・研修制度を拡充させたと聞く。一般からの発信が特定分野の問題に限られていたり、思想に偏りが出たり、さらには事実の確認が曖昧な映像が寄せられるなど発信する側のメディアリテラシーを底上げする必要性に直面した。声の大きな活動家のための発表の場として放送が使われるなど、発信の自由と公共性の両立に対し、放送局がどう折り合いをつけていくのかの議論が行われた。

結果、KBSは、有識者による独立した編集委員の組織を構え事前承認型のパブリックアクセスを導入し、BBCは取材現場に自前のディレクターやカメラマンを同行させ、実践型の教育プログラムを意識するなど発信者の育成に重点を置いた。アメリカではインターネットを活用し、サイトに投稿された動画の中から支持を集めたものを放送で流していくなど、テクノロジーの進化とともに放送局側の試みもバージョンアップしている。

こうした取り組みによって、環境、人権、政治など様々なテーマを専門とする市民ジャーナリストの集団が各所で形成され、発信者のリテラシーの底上げにパブリックアクセス導入が貢献しているという事例も目にする。

日本の放送局は、諸外国の放送局が行っている教育プログラムの実践や業務に参加する中で技術や経験を体得してもらうOJTの機会を積極的に増やしていくべきだろう。

もはや情報の流れは一方通行ではない。川上から川下へという従来のメディア環境は変化した。インターネットやSNSが発達した今、誰でも発信者になれる時代だ。現場からの一次情報発信に僕ら職業メディア人がどのように向き合うか。テレビとネットの垣根を越え、オープンジャーナリズムに向けた更新作業を、いよいよ実現する時がやってきたのだ。

第3章

そして、ニュースルーム革命へ

パブリックアクセスの実現と、オープンジャーナリズムの実践をいかに日本のメディアに浸透させていくのか。僕がかつてインタビューした、MITメディアラボ所長の伊藤穣一氏の言葉は、今も鮮烈に耳に残っている。

「今、革命が必要なのはニュースルームだ」

公共放送、民間放送問わず、インターネットとの協業で互いの利点を活かした情報発信の仕組みを早急に整備したい。NHKを退職してから数カ月、新聞、テレビ、ラジオ、IT、出版社、様々なメディアの内側で改革を望み行動する人々からコンタクトがあった。NHKの記者やディレクターたちから「内部から変えていくのでこれからもぜひ一緒にやりましょう」と連絡があり、わざわざ僕のところを訪ねてきてくれる若手もいた。

メディアは今、変革期を迎えている。スマートフォンやSNSをはじめとした情報テクノロジーの発達は、一般の人々の情報受信や発信の在り方に変革をもたらした。テレビを取り巻く環境も、インターネットとの接続による「スマートテレビ」の普及で大きく変わろうとしている。さらに、インターネット検索大手のGoogleが開発した眼鏡型の情報機器「グーグルグラス」の登場は、これまで紙だから新聞、映像電波を受ける受信機だからテレビ、ＰＣやスマホだからネットメディアというように、情報を受ける機器や素材ごとに定義づけられてきたメディアの概念を根本から変える。目の前の景色がすべてメディアになる時代がやってくる。

テクノロジーの進歩は、人々の意識変革に先行する。そうした新たなテクノロジーを受け止め、まずはメディア人が率先して自らの意識変革に取り組むことが、今こそ求められている。それが行われて初めて、20世紀型メディアの概念を変える新たな発信文化が、僕たちの日常空間に花開くことになる。

この章では、ニュースルームの改革に不可欠なテクノロジーの最先端と、そこから切り拓かれるメディアの未来を展望していきたい。

1

融合するテレビとインターネット

スマートテレビ普及の現状

まずは、報道メディアとして最も身近なテレビを取り巻くテクノロジーが、どのように変化しているのかの検討から始めよう。

アメリカのテレビ関係者と話していると時折、「cord cutting」という言葉が聞こえてくる。日本語に直訳すると「コードを切っている」。

つまり、テレビと放送局を繋ぐアンテナにコードを繋がずに、インターネット経由でドラマ、映画、バラエティ、ニュースなどの番組をダウンロードして楽しむ習慣を指す。実際、カリフォルニア州サンノゼのシェアハウスで暮らす30代の友人たちの家を訪ねると、テレビはアンテナではなく、インターネット回線のLANケーブルで繋がれていた。

テレビ画面のスイッチを入れると、スマートフォンのような画面が現れ、ニュースやドラマ、映画などを専門に扱うサービスのアプリが並んでいた。ウォールストリートジャーナルや、CNNのアプリもある。チャンネルを変えるのではなく、リモコンでテレビ画面に現れたカーソルを操作し、アプリをクリックして、番組を見る。

これは「スマートテレビ」と呼ばれるインターネット接続可能なテレビで、欧米や韓国を中心に、ここ2~3年で急速にシェアを伸ばしている。SONY、Panasonic、SAMSUNG、LG電子など電機メーカー各社は、映像解析能力の高い高機能CPUを積んだスマートテレビの生産を強化しており、北米市場の2012年第1四半期には1500万台もの出荷を記録。既存のテレビからの置き換えが進んでいる。

では、スマートテレビは市場としてどこまでの広がりを見せているのか。

全テレビ出荷量に占めるスマートテレビの割

ロサンゼルス留学中に堀もスマートテレビを購入。
自宅の様子。(2012年6月)

合を示した、2011年第4四半期から2012年第3四半期までの各国別の統計では、北米市場が10％台後半から20％台前半と伸び悩んでいるのに対し、日本では地上デジタル放送切り替え後の買い替え需要や付加価値を付けて低価格路線からの脱却をはかるメーカーの販売戦略が奏効し、50％を超えている。次いでヨーロッパが右肩上がりでシェアを伸ばしており、全体のおよそ40％。中国もほぼ同じ値でそれに続いている。

こうしたスマートテレビの利用者たちから、最も多く聞かれるのは「時間の無駄を省くことができる。ネットに繋げば必要なものを必要な時に自分で選ぶことができるから便利だ」という声だ。

インターネットを経由して番組や映画などを配信するオンデマンド型のコンテンツ供給サービスは、日本でも電通や民放そしてＮＨＫが共同で行う「アクトビラ」が2007年の開始以来、2011年3月末までで累計300万台以上にサービスを供給しているが、現在、アメリカの大手配信会社はアメリカ、ヨーロッパ、アジアで2600万人の会員を獲得、サービス開始から5年で利用者を4倍に増やすという急成長を見せている。

一方、全米のケーブルテレビ加入者数は2001年の6690万人をピークに頭打ちとなり、ここ数年で減少傾向に拍車がかかり、2011年は5800万人となった。

アメリカでも若年層を中心に「テレビ離れ」が進んでいる。調査会社のニールセンによると、2010年9月から2012年7月までの18~34歳のテレビ視聴者数（全時間帯平均）は約1150万人で、前年同期からは2%、前々年同期からは3・4%の減少、アメリカの若者の4人に1人がテレビを見なくなっているという。

「2スクリーン」という概念

このようなテレビ離れとは裏腹に、CNNの報道によるとアメリカでの成人におけるスマートフォンの普及率は2011年2月末時点で47%、タブレット型端末は同年1月末時点で19%と急速に伸びている。

同様にテレビの切り替えが順調だった日本でも、スマートフォンやタブレット型端末の普及が急速に進み、特に20代では携帯電話のおよそ60%がスマートフォンに置き換わったという。

そのため、現在は様々なメディア企業がスマートフォンやタブレット型端末との連動を軸にしたサービスの開発に力を入れており、特に日本市場での次世代メディア展開は、戦略次第で特に大きなビジネスチャンスになりうると、世界のメディア関係者らの見方は一致している。

こうした状況の中で、現在スマートテレビはさらにインターネット的な利用が求められ、「ソーシャルテレビ」という概念に移行しつつある。つまり、テレビとSNSの同時利用を前提にしたサービスの供給が始まっている。

シリコンバレーを拠点に次世代メディアに関する調査を行っているNSI Research社の調査によると、スマートテレビ利用者のうち44%がYouTubeを利用、35%がFacebookをテレビ画面で同時利用しているという結果が出ている。ソーシャルテレビの特徴はテレビ画面上に表示された専用のアプリなどを利用して、動画をインターネットで繋がった友人と共有したり、メッセージを交わしたりしてコミュニケーションをはかれる点だ。携帯電話のスマートフォンでは今や主流になっている使われ方だが、同じようにFacebookやTwitterがテレビ画面の中に組み込まれている。

コンテンツを配信する側にとってみると、自分たちの映像に関する情報がソーシャルネットワークによって世界に拡散されやすくなるので、その拡散力に期待を示し、積極的にソーシャルテレビとの連動を目指している。

キーワードは「1スクリーンから2スクリーンへ」。つまり、テレビだけではなく、スマホやタブレットなど「第2のスクリーン」との連携が次世代メディアの鍵を握るという声で業界は一致している。とりわけ2スクリーン市場では、インターネットやインターネット上のSNSを駆使した新しいサービスを開発した企業が主導権を握る可能性が高いとして、テレビメディアに新規参入を狙うネットベンチャー系の企業の関心が高い。

そうした中で、2スクリーン対応のソーシャルテレビが備えるべき具体的な仕様を指し示す概念として浮上してきたのが、「ACR TV」という考え方だ。ACRとは、「automatic」「content」「recognition」の頭文字をとったもので、コンテンツの自動認識共有システム、という意味で使わ

2スクリーンとは手元のタブレットやスマホなどがテレビと連動する。UCLAの著者研究室にて。

れている。つまり、一つのコンテンツデータを自動的に連動した周辺機器と同期させてしまう仕組みのことだ。

例えばF1のレースをテレビで見ながら、手元の端末でレーサーの情報を確認したり、そこから誰が優勝するのか投票を行いFacebookやTwitterなどを使って皆で共有することができる。

テレビ画面が周辺にない場合は、もちろん同じ映像を手元のタブレット型端末だけでも見られるようになっている。テレビコンテンツを時間と場所を選ばずに持ち運べるようにするのが、ACR TVの特徴でもある。

この考え方に基づき、日本ではNHKの技術研究所が「ハイブリッドキャスト」という独自の規格を開発し、テレビ番組の情報を手元のスマートフォンに映し出し、操作できるよう、市場の投入に向けて最終段階の調整に入っている。2スクリーンをどう活用するのか、各国でサービス開発競争が始まっている。

国際会議で報告されたソーシャルテレビ利用の現状

2012年6月と12月、それぞれアメリカのニューヨークとサンフランシスコで、世界中のテレビ関連のメディア企業が集まる国際会議「TV OF TOMORROW SHOW 2012」が開かれた。

参加したのは、CBSやFOX、Discovery、Time Warnar Cableなどテレビ関連

TV OF TOMORROW SHOWは世界各国からメディア関係者が集合。日本からの参加者はほとんどいない。（2012年6月・サンフランシスコ）

の他、ＳＯＮＹやSAMSUNGなど電機メーカー、GoogleやMicrosoftをはじめとした大手ＩＴ企業、スマートフォンやタブレット型端末向けにコンテンツを配信する新興ＩＴベンチャーなど、のべ５００社。次世代メディアの可能性をテーマに、様々な分野の起業家やエンジニアたちが、活発な講演や討論を行った。

各分科会では、「ＡＣＲで新しいメディア誕生となるか？」「テレビのインタラクティブ性とは何か？」「人々が扱いやすい機器の未来とは？」「マルチスクリーン世代の行動習慣とは？」といった個別テーマについての議論が交わされ、最後は会場にいる参加者全員を巻き込んで「１スクリーンかそれとも２スクリーンか？　次世代メディアの勝者像」と題した討論会が開かれた。

これに参加した多くの関係者たちの興味は、次世代メディアの開発を新たな広告媒体の開発として捉え、２スクリーンを使っていかに消費行動を喚起していくかという、産業的な側面に集約されていた。

印象に残った点をまとめると、次のような事柄が挙げられる。

・テレビを見ながらタブレット型端末を操作している人は保有者のうち69％に上る

・テレビのリモコンよりも、普段持ち歩いているスマホやタブレットを操作パネルにした方が、テレビに参加しやすいというアンケート結果が出た
・ショッピングの場合、テレビ画面を見て電話をかけて注文をさせるよりもスマホやタブレットからワンクリックでダイレクトに注文ができる方が営業効果が確実に上がった
・消費者・利用者同士でコミュニケーションをはかり自らの消費・利用行動を決めたいというニーズが高いという調査報告がまとまった
・全米の18歳以上の行動調査によると、1日のうちテレビをつけている時間は平均で5・2時間、インターネットを利用している時間は3・0時間でテレビがついている時間が長かった
・スマホやタブレット型端末向けのコンテンツ供給会社5社に聞くと、1日平均の動画コンテンツビュー数は1万とテレビメディアに比べると圧倒的に少ない
・ACR TV市場は2011年時点でテレビ市場全体の7%に過ぎないが、2012年は13・4%、2016年には60%を占めるまでに成長するという予測がまとまっている

・バラバラになっている消費行動をスマホ、タブレット、テレビという輪の中にすべて収めてしまう仕組みの創造を目指す

特に注目を集めたパネルディスカッションは、2012年のロンドンオリンピックの放送で、2スクリーンがどのように使われ、効果を発揮したのかを検証するものだった。

パネリストの一人、イギリスのメディア調査会社「Actual Customer Behavior」のサラ・ピアソン氏によると、ロンドン市内で複数の家庭にカメラを設置し、オリンピック中継の視聴中に、テレビ、PC、タブレット／スマホ等がどのように使われるか記録したところ、タブレットやスマホが同時接続されていることで、家族や友人間のコミュニケーションが深まり、結果的にテレビの前に座る滞在時間が増えたという。

具体的には、TwitterやFacebookなどSNS上で絶え間なくやりとりされる、試合の感想や選手・競技種目の情報などが、試合の合間のCM中などにも家族や友人間で話題になり、さらに手元のタブレットやPCを使ってネット上でコミュニケーションするために、結果的にテレビ画面を見続けるケースが目立った。

16日間の大会期間中、Twitterによるオリンピック関連のつぶやきは、およそ1億5000万件に上った。ジャマイカ代表のウサイン・ボルト選手が陸上100m決勝で優勝した時には、ツイート数が1分間あたり平均で7万4000件、閉会式で歌手のスパイスガールズが登場した時には1分間に平均で11万6000件ものつぶやきが行われたという。

これらの結果は、誰かと興奮を共有したいという欲求が、テレビとセカンドスクリーンの一体運用による相乗効果をもたらしたことを物語っている。

2スクリーン時代の覇権を握ろうとするITベンチャーたち

こうした市場動向の変化を受けて、現在アメリカでは様々なベンチャー企業が、次世代メディアの主導権を握るべく独自のサービス開発に力を入れている。

サンフランシスコに拠点を持つX2.tv社は、2012年3月に立ち上がったばかりの2スクリーン専門のITベンチャーだ。社員はわずか5人だが、既にヨーロッパやアメリカの複数のテレビ局を顧客に持ち、急成長している。彼らは2スクリーン対応型の映像編集ソフトなど、番組制作者サイドへのサービスを提供している。

彼らのツールを用いれば、通常どおり撮影して持ち帰ってきた映像にX2.tvが用意したアイコンを貼り付けるだけでSNSと連動させたり、タブレット型と同期させたりすることができる。操作方法も日本の放送局にも導入されているPC編集機に近く、ニュースなど急を要する際でも字幕スーパーを入力するような感覚で済むので、誰でも2スクリーン対応のVTRをつくることができる。

CEOのジャンピエロ・レッコ氏が「2スクリーン対応コンテンツは5年以内にテレビ番組の制作工程の標準となる」と語るとおり、今後のソーシャルテレビ普及を見越してのサービス提供を行い、巨大企業など有力な競合者が出てこないうちに先見の明をもって業界標準の座を勝ち取ろうというのが彼らの目論見だ。

同じくサンフランシスコには、今最も注目されているITベンチャーの一つであるTOUT社がある。その提供サービス「TOUT」は、市民などがスマートフォンを使って15秒間の動画を撮影し、その動画がソーシャルネットワーク上で次々と共有されていくというアプリだ。

これは元々、人が動画を見たり撮影したりするのに最も〝快感〟を感じる時間が15秒間だったという研究を行ったスタンフォード大学の学生チームが卒業後に事業化して開発したもので、2011年にサービス開始。とある有名スポーツ選手がこのTOUTを利用して自らの引退発表を行ったことがきっかけで、ハリウッド女優なども使うようになり、一気にサービスとしてのステータスを上げることになった。

以来、サービス開始から1年半で大手テレビ局CBSのニュースにも導入され、キャスターが「TOUT Please!!!」と呼びかけると市民がニュースに関する感想をTOUTを使って投稿するコーナーが試された。

また、事件や事故、有名人のゴシップなど、何かハプニングが発生した際、すぐに映像が現場から放送局やネットのニュースサイトに上がってくる仕組みをつくろうとする試みもある。一例としては、ウォールストリートジャーナルがTOUTとの提携でウェブメディア「World Stream」を立ち上げ、世界中から集まる15秒の動画を随時

TOUTは日本でもアプリを出しているが日本市場では苦戦。
写真はステッカー。

紹介している。2013年の春には、政府と市民が激しい衝突を繰り返したトルコなどからも映像が投稿され、このニュースが世界的に注目される上で大きな威力を発揮した。

いわばTOUTは、これまで通信社が担ってきた役割を一般の人々に開放し、そこから集まってきたニュースの一次ソースを各メディアに対して供給するという、オープンジャーナリズムの基盤となるビジネス形態を築き上げたのだ。

さらにロサンゼルスに隣接する街パサデナにあるインキュベーションセンター「Idea Lab」では、1996年のスタート以来、これまでに80を超えるベンチャー企業がオフィスを構え、8つの会社がNASDAQなどへの上場を果たしている。その中でも最年少のCEOが経営するメディア企業がHypemarksだ。

彼らは「キュレーション型」と呼ばれる新たなソーシャルサービスを手がけている。これは、例えばCNNやBBCのようなテレビニュースか、Yahoo!のようなネットのポータルサイトか、あるいはFacebookやTwitterのようなSNSかといった種別を問わず、自分が気になるコンテンツメディアを自由に選んでスマホやタブレットなどの一つの画面に集め、自動で更新させていつでも総覧できるようにする仕組みだ。

こうしたキュレーション型のサービスは急速に拡大しており、他にも「TouchTV」というサービスでは、タブレット型端末を開くと自分が設定しておいたお気に入りのメディアが常に最新のコンテンツに更新されており、例えばニュース速報などが入った場合にはアラートを鳴らして知らせてくれる。

つまりテレビをつけていなくても、ネット経由で常に最新の動画コンテンツが見られる仕組みになっている。

崩れゆく放送と通信の垣根——パブリックアクセスの終着点

こうした動向を突き詰めていくと、もはやテレビだから、インターネットだから、というメディアの区別自体が無意味になり始めていると言える。

既に述べたように、家にブロードバンドさえ通じていれば、もはやアンテナとテレビ受像機を接続しなくても映像コンテンツを享受できる「cord cutting」は実現している。この上さらに、いつでも誰でも街中でWi-Fiなど無線インターネット接続できるインフラ環境が充実すれば、アンテナからの「コードを切る」どころか、テレビ局の発する電波自体が必要でなくなる時代さえ遠からず訪れることになるだろう。

放送機関が独占している電波の一部開放を目指すパブリックアクセスの理念は、最終的にはこの状態に行き着くのである。

実際、身の回りのありとあらゆる機器がインターネットで結ばれて、情報を双方向的に共有できる環境が整い始めている。一般の人々が日常的に発信する情報を収集・解析し、そこから新たなコンテンツ生成やサービス提供へと直接的に結びつけるようなシステムづくりへの投資も、今急速に広がっている。

一方で、一般から収集されたアドホックで断片的な情報のピースと、蓄積されたデータを精査して制作される情報コンテンツの違いは、これまで以上に鮮明になるだろう。そうなると、現在のように専門家だけで完全につくり上げるようなテレビコンテンツはマネタイズが困難になり、特別な関心を持つユーザーだけが消費する嗜好品のような位置づけになっていくのかもしれない。

いずれにしても、インターネットの発達が生み出したソーシャルネットワークによって多くの人々が結びつけられ、テレビを呑み込んでいく流れから逃れることはできない。

テレビや新聞などに携わる日本の専門メディア人たちは、まずはこの圧倒的な技術的潮流を正しく理解することから、それぞれのニュースルーム革命の第一歩を踏み出さなければならない。

2 テクノロジーが切り拓くメディアという概念の変容

目に映るものすべてをメディア化する「グーグルグラス」

アメリカでの留学期間中、僕はテレビをはじめとするメディアは、テクノロジーの発達で時間や場所、特定の機器に縛られない存在になっていくであろうと考え、アメリカ内での次世代メディアの開発に向けた様々な動きを調査してきた。既にテレビ局による情報の送信先がテレビという箱にとどまらず、ネットを通じてＰＣ、スマートフォン、タブレット型端末などに拡大している現状は、ここまでに述べてきたとおりだ。

しかし、さらに将来の技術革新が進めば、身の回りにあるあらゆる素材が情報の受信装置になっていく世界が訪れることになるだろう。

その新たな世界を切り拓こうとする筆頭のプレイヤーが、Google だ。

今や押しも押されもせぬ世界ＩＴ産業のトップカンパニーである同社は、先述した

TV OF TOMORROW SHOW の会場でも、新たな広告媒体となる新メディアの発掘を目論む投資家たちから、とりわけ多くの質問を受けていた。その勢いは、とどまるところを知らない。

サンフランシスコから北に車でおよそ1時間、マウンテンビューにある Google 本社を訪ねた。友人になったエンジニアに社内を案内してもらい、開発現場を見せてもらった。社員数は3万2000人あまり、キャンパスと呼ばれる広大な敷地に、買収を繰り返し規模を拡大してきたGoogle の社屋が広がっている。

YouTube をはじめとした映像関連からゲーム、SNS、モバイルまで、次世代メディアの鍵を握るチームが、このキャンパスのあちらこちらで新しいサービスの研究・開発を続けている。そんな Google の屋台骨、収益の大部分を

マウンテンビューのGoogle本社。（2012年9月）

支えるのが広告チーム。30万台のコンピューターを駆使してユーザーの消費行動を分析し、その人の未来を予測しながら的確な広告を繰り出すプログラムを日々開発している。

さすがに開発中の具体的なサービスを見せてもらうわけにはいかなかったが、目指すのは「時間」という概念を壊すことだと教えてくれた。つまり、インターネット上でやりとりされる膨大なデータを、個人の属性、例えば性別、年齢、地域、職業、趣味、これまで検索してきた情報の傾向などと結びつけ、利用者が次にどんな行動をするのかを想定し、手元の端末などに次々とそれに見合った情報を送り込む技術だとのことだ。

おそらくその先駆けになるのが、2012年、サンフランシスコ市内で行われたGoogle の新製品発表会「Google I/O」で注目を集めた「グーグルグラス」であろう。これは眼鏡のスクリーン上に目の前の実景に関する様々なデータを重ねて映し出すことができるというコンセプトの製品で、同時に装着者本人が見ている景色をそのままソーシャルネットワーク上で共有することもできる。いわゆるAR（Argumented Reality）、日本語では「拡張現実」と呼ばれる技術の一種だ。

例えば、街を歩いていて、すれ違った人の洋服がとても気になったとしよう。すると眼鏡には、その洋服の値段やブランド名が表示され、直接購入もできるようになる。つまり、現在スマホやタブレット型端末で行われている操作を、すべて眼鏡の中に集約することを目指して開発が進んでいる。

こうなるとメディアの革命は、現在進んでいる2スクリーン化のさらに先の世界へと突入する。すなわち、テレビやスマートフォンなどの画面をわざわざ覗き込んだりタッチパネルで意識的に操作することさえなしに、本人が何気なく目を向ける景色すべてが広告メディアとして機能する世界だ。

Googleは、インターネット上のあらゆる情報を整理するという理念のもとにスタートした企業だが、今やネットの枠組みさえ越えて、あらゆるデジタル情報を人々の実生活の中での行動に結びつけてしまう次世代メディアの開発を進めているのである。

スマートシティから「風景のメディア」へ

メディアの変革を促すテクノロジーのインパクトは、狭い意味でのIT産業の内部にとどまらない。

ここでは従来はメディアとは見なされていなかった「まちづくり」と「ものづくり」の二つの分野で、むしろメディアの概念そのものを揺るがすような変革が起きているケースを紹介しよう。

僕の留学先だったUCLAでは、建築学科長を務める阿部仁史教授が率いる研究チームが、日本の住宅メーカー・ダイワハウスとともに環境対応型のまちづくり「スマートシティ」に対応した次世代住宅の開発を進めている。

スマートシティとは、建築技術にITを組み合わせ、住宅やビルごとに互いが使用電力や空調状態などの情報を共有し、それぞれ効率的に融通し合うなどのエネルギーコントロールを行うシステムのことだ。

スマートシティの建造プロジェクトは、現在世界35カ国で進められており、その数は400を超える。市場規模は2030年までに4000兆円に迫り、巨大なマーケットが生まれるという試算もある。中国、欧州、インド、韓国、インドネシアなどでは1兆〜60兆円規模の巨大なプロジェクトが進行中で、今後も世界規模でこの市場への資金の流入が見込まれている。

日本では今のところ1兆円を超えるプロジェクトはなく、スマートシティ市場拡大の見込みは薄いが、世界的な動向としてはエネルギーや情報の共有を街全体、地域全体で行う、環境に優しく効率のよいまちづくりが成長分野になるだろうと投資家たちの関心も非常に高まっている。

このように、ITによって建物や街のインフラ情報が共有され、まるで神経信号のようにやりとりされる仕組みには、まさにメディアとしての可能性が秘められているのではないか。そう考えた僕は、阿部教授のチームが行った「Future of Living」というテーマの共同研究に参加した。これは、建築とメディア、そして新たなテクノロジーを掛け合わせた次世代の暮らしを考えるもので、人々が日々の暮らしの中で触れ合う建築物自体をメディアとして活用し、双方向性の高い情報発信・受信の在り方を創造しようという試みである。

その中で僕がチームに対して提案したのが、「Landscape×Media×AR」というコンセプト。つまり風景とメディアとARを組み合わせた、新たな情報発信・受信インフラの仕組みだ。

先述したグーグルグラスのような、現実の風景に様々な付加情報を重ね合わせる技術を建築物と融合させ、私たちが日々目にする風景そのものから、様々な情報を引っ張ってこれないかというアイディアを、僕は提出した。

例えば、遠くに見えている東京スカイツリーにスマートフォンを向けたりグーグルグラス越しに眺めると瞬時に基本情報が表示されるのはもちろん、画面内のスカイツリーにタッチすると、そのまま入場券が購入できたり、ツリーの中にいる友達一覧が表示されてSNS上で連絡が取れたり、ツリーに関する最新のニュース映像が流れてきたりする。こうした利用法が、ネットやGPSと連動した、現在考えられているARのオーソドックスなスタイルだ。

これに加えて、建物内にセンサー等を埋め込むことで、各スポットの混み具合や空調の快適度など、その空間に密着したきめ細かなローカル情報がリアルタイムに可視化されるようにする。

あるいは、あえて外部のネットに公開しない施設内に紐づけした情報領域を設けることで、宝探しやリアル脱出ゲームのようなイベントを仕掛けたり、突発的なハプニングの館内ニュースなどをユーザーが発信したりすることもできそうだ。

はたまた、特定の場所に特定の誰かに向けた「メッセージボード」や「壁新聞」が置けたり、その場所が昔どのような風景だったのかの土地の歴史を疑似体験するようなアトラクションにも利用可能だろう。

このように、建築技術にＩＴを埋め込むスマートシティの発想とＡＲを組み合わせることで、建築や都市はそれ自体がまったく新しいローカルメディアになりうるのだ。

そしてこうした技術によるコンテンツ制作の転換が、例えばキー局に依存しなければ生き延びられなかった地方テレビ局のようなメディアに、自立のための新たな道を拓くのではないだろうか。

コンピューターから新たな「ものづくり」の時代へ

ＵＣＬＡの研究チームとのミーティングで議論を進める中で興味深かったのは、今、工学系の研究者のニーズが高まっているという話だ。

というのも、ここ10〜15年の間はＩＴの革新が続いてきたので、コンピューターサイエンスの研究者たちへの需要が非常に高かった。しかし、スーパーコンピューター開発が頭打ちになり、民生用のＰＣやインターネットの普及が完了、社会の隅々にまでＩＴが行きわたったことで、この分野へのニーズや成長力が若干落ち着き、逆にそうした技術の受け皿となる高度な「素材」の革新を求める動きにシフトしつつあるらしい。

つまり、再び「ものづくり」の時代に入ったのだという。

このことは次世代メディアを考える上でも重要な観点だ。新たな素材の革新が進めば、メディアはますます特定の機器に依存することなく、風景の中に同化させることができる。そうした観点から、筆者は研究チームに対して、日々の生活で触れるものすべてにメディア機能を埋め込んで、情報の発信・受信媒体にしてはどうか、というプレゼンテーションを行った。

例えば、朝起きて顔を洗う時に眺める鏡にニュース情報が映し出されたり、オフィスのテーブルがそのままプレゼンテーション用のモニターになって海外の取引先と情報のやりとりができるなど、手で触れられる風景がコミュニケーションツールになるというもの。Microsoftが２０１０年に制作した「未来の暮らし」をイメージした動画では、既にそれに近い世界観が先取りされている（https://www.youtube.com/watch?v=oIDF_60ok04&feature=related）。

このように、僕たちが生活環境で触れる様々な素材をメディアそのものにしてしまう取り組みは、世界各国で急速に研究開発が進んでいる。

SAMSUNGは、2012年1月にスマートウィンドウと呼ばれる、窓ガラスそのものをスマートフォンのようなタッチスクリーンとして活用する製品を発表している。普段は透明のガラス窓だが、人がタッチをすると電子メールや天気、株価、Twitterなどのアプリが並ぶ画面が現れ、瞬時に一枚のタッチスクリーンに変わる。一方、アメリカの自動車メーカーGMは、自動車の後部座席の窓ガラスをスマートウィンドウ化し、映像や音楽、メールなどのやりとりを行うためのスクリーンとして活用する計画を発表している。

こうした技術を、AR技術と組み合わせれば、将来的には車窓の風景に合わせた様々な情報を窓ガラスに映し出し、手に入れることも可能になる。例えば、信号待ちをしている時に窓の外に見えたレストランが気になった場合、窓ガラスにタッチするとその店のメニューや混雑状況、連絡先などが映し出され、さらにタッチすると連動する手元のスマートフォンからそのまま予約の電話もできてしまうといったイメージだ。

さらにMITメディアラボは、光そのものをメディアにする研究を続けている。これは机の上に置いたスタンドライトの光に照らされ明るくなった場所がそのままスクリーンとなり、タッチすると映像が映し出されたり、文字が書けたり、音が鳴ったりするという仕組みだ。他にも、超薄型で自由自在に曲げられる電子ペーパー、ARと連動して目に見える様々なものの情報をダイレクトに目の中に映し出すコンタクトレンズなど、現在進められている新たな素材《マテリアル》の開発は枚挙にいとまがない。

このように日常空間のあらゆる素材がメディア化することで、風景がメディアになる時代。テレビやインターネットの垣根を越えて、人々が情報を身の回りにあるあらゆる環境から取得し、情報発信の窓口となる時代が、間もなくやってくるのだ。

3 僕らのニュースルーム革命

新生 8bitNews が目指すもの

以上見てきたように、テレビメディアの未来を考えれば、ブロードバンドが通じている家であれば、もはやアンテナを引っ張ってきて放送電波を受信する必要はなくなり、「cord cutting」はますます進行する。Wi-Fiなどの無線LAN回線が街中でさらに張りめぐらされ、いつでもどこでもインターネットに接続できるようになれば、放送電波そのものが本当に要らなくなる時代がやってくるかもしれない。

さらにグーグルグラスのように、身の回りのありとあらゆる機器がインターネットで結ばれ、情報が共有され始めている。そして、その情報が自らの行動に直接的に結びつくような仕掛けづくりへの資本の投下が、急速に広がっている。インターネットの発達はソーシャルネットワークを生み出し、それらが人々を結びつけた。情報の共有は、より深度を増して拡大を続けている。

そうした中、僕たちは第1章で述べたように2012年6月にβ版を立ち上げて一旦休止していた8bitNewsをリニューアルし、次なる一歩を踏み出すことにした。新生8bitNewsが目指すのは、発信者の育成、資金の支援、そしてより大きなインフラを持つメディアと繋がれる発信の場の提供。この3本柱で、ニュースルームの革命を促したいと考えている。

まだ始まったばかりだが、それぞれの取り組みについて、簡単に紹介したい。

発信者を育成するスキルトレーニング体制の確立へ

まず、発信者育成の試みのキックオフとして、8bitNewsは、GoogleのYouTubeチームとの連携を開始した。東京六本木ヒルズには、「YouTubeスタジオ」と呼ばれる、一般向けの映像研修施設がある。YouTube発信者のために、Googleが世界各国に設置を始めたもので、日本では2013年2月にオープンした。「YouTubeトレーナー」と呼ばれるスタッフが、編集や撮影、動画の構成、閲覧者が増える仕掛けなどについて個人や団体向けにレクチャーなどをしてくれる。

2013年6月12日には「8bitNews×講談社現代ビジネス×Google　ぼくらの

ジャーナリスト学校」を開催。東京・護国寺にある講談社のホールを使って１００人規模のワークショップを開催した。講師役に元日本経済新聞記者で日経ビジネス編集委員も務めた牧野洋氏を招き、日米のジャーナリズム機関の現状について語ってもらった他、「GoogleからYouTubeトレーナーを派遣してもらい、１００人の皆さんに対して、YouTubeアカウントの開設の仕方から広告機能の活用まで、初歩から応用までのスキルを伝授してもらった。YouTube広告による収入で平均的な会社員の年収分に相当する額を受け取っている発信者もいるとのこと。こうしたツールの積極的な活用も個人発信の底上げに繋がる。

8bitNewsでは、今後、こうしたワークショップもオンラインなどで行えるような仕組みをサイトに導入する計画だ。同時に10人がリアルタイムで画像付きでやりとりができるGoogleハングアウトの機

これまでに全国、東北・関東・関西などでワークショップやオフ会などを開いてきた。

能などを使って、全国の個人を結んだレクチャーなどを行っていきたい。

クラウドファンディングによる個人ジャーナリズムへの資金援助

さらに8bitNewsは、市民記者、フリーランスのジャーナリストのためのクラウドファンディングの設立も急ぐ。クラウドファンディングとは、インターネットを使った寄付や投資のサービスで、アメリカを中心に数年前から世界各地で急速に広がっている資金調達の仕組みだ。

まだ馴染みのない方のために、その背景となる考え方を解説しておこう。

「われわれは〝効率性の経済〟から〝創造性の経済〟へと移行する必要がある――」

ダナ・キャランやマーク・ジェイコブスなど著名なデザイナーを輩出してきたことで知られる、アメリカニューヨーク市のパーソンズ美術大学教授ブルース・ナバーム氏の言葉だ。

彼は、近著「Creative Intelligence」の中で、巨大な資本によって管理され、効率性を追求することで成り立ってきたこれまでの経済システムの中では、イノベーションは起こりにくいと指摘。そうした中、今、世界各地で潮流となりつつあるのが、

Indie Capitalism、すなわち「独立系資本主義」だと語る。

独立系資本主義とは、これまで、資本や市場の存在を前提に行われていた経済活動から独立し、個人が単独で資金を集め、作品や製品、サービスなどを資金提供者に直接供給する資本主義の姿を指している。ここでナバーム氏は、クラウドファンディングの成長が独立系資本主義の拡大を後押ししていると語る。

例えば、アメリカで会社を立ち上げて間もない20代の経営者が「腕時計型のスマートフォンを開発したいので、制作費用として約18万円を集めたい」と完成品のデザインや事業計画をインターネット上で公開した。それを見た賛同者が「ぜひ実現させてほしい」と1万円や10万円といった額をクレジットカードや電子マネーで直接本人に向けて支払っていき、なんと28時間以内で目標額の20倍にあたる1億円以上の資金を集め、最終的には10

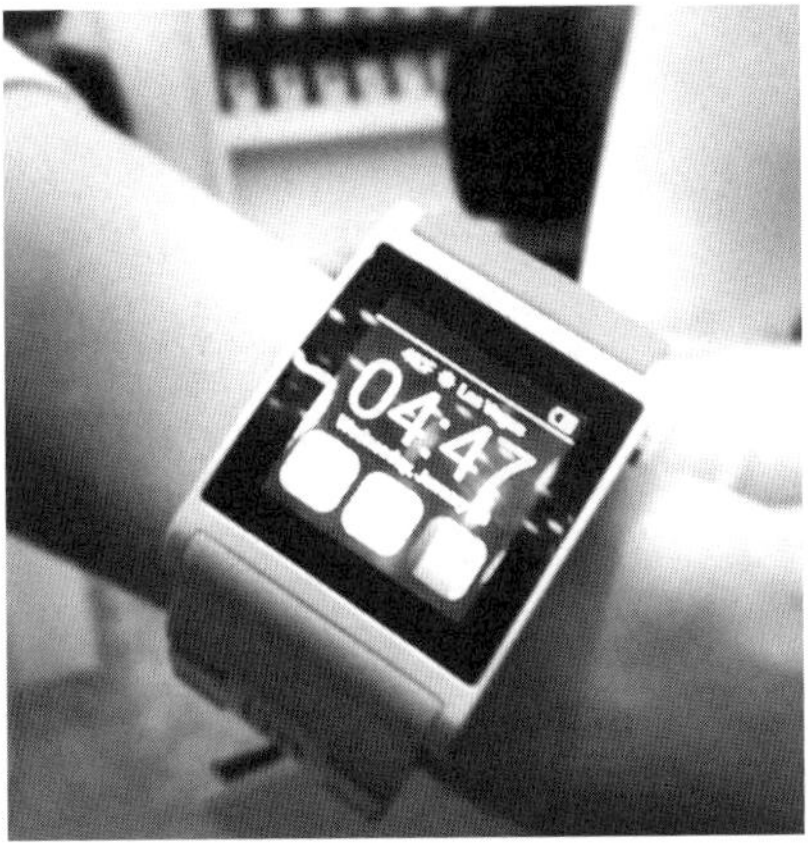

でき上がった時計型のスマートフォン

億円以上もの資金を手に入れることに成功し、話題を呼んだ。こうして生まれた製品は、現在、世界市場で販売されている。

アメリカの調査会社massolutionの調べによると、こうしたクラウドファンディングの世界市場は、2012年は27億ドル、日本円でおよそ2700億円だったのに対し、2013年は51億ドル、5100億円まで成長すると見込まれている。アジアなどの新興国でも、個人やベンチャー企業がクラウドファンディングで資金を調達するケースが増えており、新たなイノベーションを生んでいる。

このように、独立系資本主義の成長は、世界の産業構造に小さな変革を起こしている。8bitNewsは、こうしたクラウドファンディングの仕組みを、ジャーナリズムの分野に持ち込んでみてはどうかと提案する。

マスメディア取材の最大の武器は資本力だ。筆者が取材経験を培ったNHKの「ニュースウオッチ9」も、年間数千万円の予算をかけて制作されている。その多くが取材経費として計上される人件費である。

岡山局時代は、行動範囲も限られていたので自分の車を使ってガソリン代と高速代を含め1回の取材が往復2万円くらいの範囲で収まっていたが、全国ニュースの取材となると桁が違う。これはほんの一例だが、2006年に秋田県で発生した母親による小学生殺害事件の取材中に、佐賀県でひき逃げされた小学生が山に放置されるという事件が発生し、数日間に秋田と佐賀を往復したことがある。東京、秋田、佐賀の往復航空運賃だけで10万円近く。途中のロケ用に借り上げたタクシー代金などで5万円。宿泊費用などを合わせると3日間で20万円近くの費用がかかった。

他社が取材できなかった関係者の証言を得たり事件の核心をつく映像を入手したりと、成果は挙がったのだが、取材費は膨大だ。アメリカへの留学前、渡米準備と8bitNewsを立ち上げるためおよそ2カ月間有給休暇を取得し、自腹で福島県をはじめとした被災地取材や全国の原発立地県を訪ね歩いて撮影を行ったが、2カ月間でそうした取材にかかった費用は100万円近い。1年が経った今も、その時の借金を返済している。

個人発信の底上げには、やはり情報の純度を上げることが必須だ。核心の情報は現場に眠る。足を運び自ら取材をしてまわった映像には力があるし、デマや誤報を防ぎ、妄信を見破る必須条件にもなる。

ただ、そのためには交通費や滞在費も必要になるし、子を持つ親御さんであれば、例えば子供を預けて関係者に話を聞きに行ってみたいと思う人がいるかもしれない。さらには、フリーランスのジャーナリストであれば本格的な発信を行うために海外に長期滞在して撮影を試みたいと望む人も多い。

8bitNewsは、そうした個々の発信者がクラウドファンディングによって取材費を調達できる仕組みを定着させたいと考えている。欧米では、徐々にジャーナリスト向けのクラウドファンディング事業が現れ始めている。独立系資本主義への移行に対応したしっかりとした調査報道機関を、日本でも設立したい。

その第一歩として、まずは我々自身が8bitNewsのリニューアル資金を、2013年6月から行ったクラウドファンディングによって調達した。その際には、iPS細胞の研究でノーベル賞を受賞した京都大学の山中伸弥教授が研究資金を集めたインターネット利用の寄付サイト「Just Giving」を運営するチームが、新たに立ち上げたクラウドファンディングサイト「Shooting Star」を利用した。60日間で300万円を目標に資金提供への協力を呼びかけたところ、140人あまりから3000～30万円の資金提供があり、28日目に達成した。

個人発信の強化を支援したいと申し出てくださった方々に感謝し、その思いをしっかりと受け止めたい。そして、このように顔の見える支援者の方々から託された思いを意識して事業に取り組むという枠組みが、メディアの民主化を下支えする装置としても活きるはずだ。

動き出した大手メディアとの協業体制

現在8bitNewsが仕掛けているのは、ネットや放送、出版の垣根を越え、あらゆるメディアとの協業体制を敷くメディア・アライアンスの整備だ。例えば、２０１３年5月7日にサービスを開始したブログメディア「ザ・ハフィントン・ポスト日本版」、朝日新聞が運営する言論サイト「WEBRONZA」、毎日新聞がTwitter連動型メディアとして立ち上げた「MAINICHI RT」、講談社の中でも独立採算で発信を続けるウェブメディア「現代ビジネス」そして動画投

MAINICHI RT

稿サイトYouTubeを運営するGoogleなどと連携を始めた。

それぞれのメディアに対する投稿動画コンテンツの供給を行う他、職業ジャーナリスト自身が投稿者に対して、取材のアドバイスや追加取材の依頼を通じて取材技術の共有をはかる試みを整備し、ワークショップの開催なども行っていく。8bitNews独自で様々な業務を抱えるのではなく、業界各社との協業体制を拡大させ、それぞれの得意分野を一般の人たちの発信力強化のために結集させたいというのが理由だ。運営コストなども分散され、これまでなかなか日本で成長できなかった市民メディアの継続的運営が可能になると算段している。

そしてさっそく、以前に8bitNewsに投稿された動画から、これらのメディアとの協業が生まれた。国の児童遊戯施設である青山こどもの城の閉鎖問題について、施設の継続利用を訴える母親たちの団体メンバーが自ら映像を撮影した動画をニュースソースに、ハフィントン・ポストやWEBRONZAが記事を作成した。この話題は従来テレビなどが取り上げてこなかったテーマだったが、より多くの人たちに向けた発信に繋がったのだ。その他にも、市民が主催し福島から避難生活を続ける方々などを招いた原発に関するシンポジウムの様子や、今年4月に震度6弱の地震に見舞われ、

30人以上の重軽傷者や約8000の建物に被害が出た兵庫県淡路島のその後の様子を撮影した動画など、一般の人々が投稿した映像が次々と影響力のあるメディアに掲載されていった。

その他にも、問題に直面し、不安や不満を抱え、困難を乗り越えるために知恵を欲している人は社会に沢山いる。病気の子供を抱えながら、預ける先が見つからず働きに出られないシングルマザーたち。放射能の影響に不安を感じながらも、家族と意見が合わず思いを打ち明けられずに孤立し悩む福島の住民たち。

どこに訴えればわからないけど誰かに知ってほしい、助けてほしいという声はネット上に沢山投稿されている。そうした声を掬い上げ、より多くの人で議論し解決策を見いだすために支援する試みも、新しいメディアの役割だ。

ザ・ハフィントン・ポスト

NHKのニュースルームを開放せよ！

これらはあくまでも草の根のゲリラ的な活動で、当初掲げたパブリックアクセスの実現、つまり大きな放送事業者が独占するテレビ電波の一部を一般開放するという本丸の目標の達成までには、まだまだ大きな距離がある。

しかし、これまでになかったメディア人たちとの協業による個人発信支援には可能性を感じている。欧米並みの教育環境が整っていけば、国民の鏡と言われるメディアの在り方にも変容があるに違いない。

草の根の試みによって個人の発信力が強化され、メディアの内側でオープンジャーナリズムの実践が促進されていけば、大手メディアの側でのパブリックアクセスに対しての導入に向けたハードルも、下がっていくものと考えている。マスメディアと一般との協業体制が確立され、共にニュースをつくっていく文化が日本に定着することで、これまでブラックボックスであり続けた日本のニュースルームには革命が起こる。

ここは歯を食いしばってでもやり遂げたい。

前章で述べたとおり、NHKは公共放送でありながら各国とは異なり、パブリックアクセスの受け皿にはなっていない。総合、教育、BSと複数の放送チャンネルを抱え、いずれもほぼ24時間運用されているにもかかわらず、一般への割当はない。ぜひ、NHKには踏み込んだ改革として、パブリックアクセスの導入を目指してほしい。「ニュース7」や「ニュースウオッチ9」など、既存の番組を一般との協業で根底からつくり直せという話ではない。数ある放送番組のうち一定の時間をパブリックアクセスの時間として開放してもらいたい。韓国KBSのような有識者による独立した編集機関を持ち、イギリスBBCのような局のディレクターやカメラマンが指南役となり市民と協業しながら取材を実践する仕組みを導入するのがよい。CNNが構えるiReportのように、インターネットを使って広く一般からニュース動画の提供を呼びかけ、オープンな場で内容の精査を行い番組に反映していく仕組みも持つべきだ。ニュースの制作過程を公開し、一人の記者だけが書き上げる原稿ではない、専門知識を持つ一般の人々からの意見を広く取り入れ多角的に検証された記事もパブリックアクセス型ニュース番組に投入していけばよい。

これまで、NHKの本館2階にあるニュースセンターは、関係者以外の立ち入りが厳しく制限されていた。政治部、経済部、社会部、国際部などと各部の机が並ぶこのフロアの一角に、市民部、またはパブリックアクセス部といった部署を設置し、一般との協業によるニュース制作を専門とするチームを編成し、職業ジャーナリストと一般との技術共有もはかることができる機会を創り出してほしい。

「ニュース7」や「ニュースウオッチ9」がリスクを回避し触れられなかったテーマや視点に、NHKから編集権が切り離されたパブリックアクセス部が大胆に切り込んでいくなどの成功体験が、この国には必要だ。はじめは深夜でも構わない。30分の番組でもよい。一人一人が自分たちの力で自分たちの言葉を電波に乗せていくんだという安心感を共有したい。メディアの民主化を進めることが、公の言葉が空虚になり、この国を覆ってしまった疑心暗鬼を払拭する一助になればと思う。そのためのパブリックアクセスの導入だ。

これまでの、ネットかテレビや新聞かといった二元論で論じられてきた関係から脱することが大切だ。NHK内にとどまり、放送と通信を融合させそこに市民メディアを参画させるという手もあったが、僕はもう少しスピード感が欲しかった。メディア同士の連携も大手を振って声高に主張したかった。

そういった意味では、メディア関係企業各社の皆さんには、僕のような無所属新人への支援をお願いしたい。より開かれた日本の言論空間の構築と、メディア産業の新たなる発展のため、そして、生活の中で不安を抱え、孤立し、悩み続ける人々の一助となる公共的メディアの創造のため、ぜひ、協業による結集を呼びかけたい。

声なき声を拾うというジャーナリストの本分を全うするために。

僕たちは、ニュースルームの革命を希望する。

あとがき

僕は、ＮＨＫが大好きでした。

入局したのは、２００１年。

岡山放送局に5年。東京アナウンス室に7年。アナウンサー在職期間の大半を報道現場で過ごしました。

これまで取材をした人数は５０００人を超えています。企画、取材、撮影、編集、ナレーション、プレゼンテーションを一人でこなすのが、僕のスタイルでした。「アナウンサーさんなのに、カメラマンもやるんですね?」現場でそう言われるのが嬉しくて、土日も潰して、どこへでも取材に出かけるのが僕の日常でした。

岡山放送局で過ごした新人時代。ＮＨＫの地域局の使命は「地域活性化に貢献すること」。中山間地域といわれ、少子高齢化や過疎が進む町や村が僕の取材現場の大半でした。山を越え、谷を行き、田畑を眺めながら車を走らせ取材に行くと、地元の皆さんが、笑顔で両手を広げ僕を迎えてくれました。

「NHKさんが来てくれた！」「いやいや、僕なんてまだ新人なんでちゃんとできるかわからないですけど」などと言いながら、カメラを回し、インタビューを重ねる毎日でした。へたくそなニュースでしたが、祭りに参加する子供たちの笑顔や、誇らしげに農作物をカメラに向けるおじいちゃんやおばあちゃんたちが、いつも画面一杯に映し出され、それが電波に乗って県内各地に届けられました。

岡山県備前市で、巨大なスイカをつくって街おこしに挑戦していた集落を取材し放送したことがあります。ローカル放送向けの5分間の短いリポートでした。無事に放送を終え、お礼のため番組を録画したDVDを持って再び集落を訪ねると、30人くらいの町の皆さんが集まって「堀さん！　イノシシの鍋をこさえたでぇ、皆で食べようやぁ」と大笑いしながら僕の肩を嬉しそうに叩くのです。

「番組を焼いてきましたよ」と言って、DVDを代表のおじいちゃんたちに手渡すと、目を細め、顔をしわくちゃにしながらこう返事が返ってきました。「堀さん、わしらは、嬉しゅうてなぁ。このDVDは、わしらの死に形見にするけぇ。ありがとうなぁ」。

何だか、涙が止まらなくて。わんわん泣きながら、しし鍋を食べたのはついこの間のようです。

東京に転勤したのが、2006年。

当時、不祥事にまみれていたNHKは、改革の旗印として「ニュースウオッチ9」という総合ニュース番組を新たに立ち上げます。僕はその番組の現場リポーターとしてオーディションに合格し、主に全国の事件、事故、災害現場の取材に投入されるようになります。はじめの頃は「見たこともないこんなチャラチャラした奴に報道の現場は任せられない」と言われ、オーディションで選ばれたにもかかわらず、4月の番組開始からしばらく放送に出してもらえませんでした。岡山のみんなが万歳三唱で東京に送り出してくれたのに、番組が始まっても全然画面に出てこないので「どうしたの?」という問い合わせの電話が何度もありました。期待に応えられず何もできていない自分が悔しくてなりませんでした。

「共同通信から、江東区で殺人事件発生のお知らせです」

待機している番組用の部屋に取り付けられたスピーカーから、事件の一報が届くたびに、番組の責任者のところに走り寄って、「現場に行かせてください」と願い出ていました。「そんなに行きたいのなら、デジカメ持って行ってきたら?」冷めたトーンでそう言われ、僕は一人の取材者として、デジカメを片手に事件や事故の現場を訪ね歩くようになります。

目撃者を捜し、関係者の証言を得て、カメラに収め、瞬間を捉えた市民の映像を独自に見つけ出し、現場の記者たちと競い合いながら、報道取材のイロハを体得していきました。

実績が次第に積み重ねられていくうちに、上司たちのトーンも変わり、「そういえば、お前、アナウンサーだったよな。カメラマンと一緒に立ちリポしてきて」と、ようやく声をかけてもらうようになりました。

やりたかった仕事が、ようやくできるようになった——。

24時間、携帯電話を握りしめて、全国各地を飛び回る生活はとても刺激的で、あらゆる社会問題の最前線に身を投じることで、今まで見えてこなかった日本の骨格が透けて見えるような感覚で、強いやりがいを感じていました。全国各地で社会問題に直面し、立ち往生してしまっている人たちの声なき声を全国の電波に乗せて、支援を仰ぐ。自分が足を休めず取材に行けば行くほど、助かる人がいるかもしれない、そんな思いが僕の背中を押し続けました。

しかし、一方で次第にジレンマを感じるようにもなります。扱う問題は、政治、経済、国際、社会問題に直結するテーマばかりで、放送で切り取るシーンやコメント一つ一つが非常にデリケートに扱われ、本当に伝えたかったことや、伝えなくてはいけないと思って持ち帰った事実や映像がカットされたり、極めてニュアンスを柔らかくして放送されたりすることもあり、全国放送の重みが、両肩にずっしりと、そして公の言葉を扱う難しさを痛感させられたのです。

「テレビ局は、情報を選び取る。それが編集権だ。何を選び取るのかは、経験を積んだ一流の放送ジャーナリストたちの手によって行われる」

果たして、そのアプローチは、本当に正しいのだろうか。選び取られなかった事実は、一体誰が伝えるのか？　そちらの情報も必要なのではないか？　マスコミ不信と言われる現象は、こうした職業メディア人による「行き過ぎた差配」が招いているのではないか。

そんな迷いや葛藤を感じる日々が続く中で、本書に記したように、僕は大好きだったNHKを退職しました。伝えなくてはいけないことが、沢山ある。伝えられないジレンマを抱えるよりは、新しいメディアの力を信じ、開拓して、発信を続けようと思いました。

発信は誰にも止められない——。

どうか、皆さんの力も貸してください。一緒に、ニュースをつくっていけたら。そんな思いで一杯です。繋がり合い、議論をしながら、新たな発信をつくり上げていきましょう。

ニュースルームの変革を目指して。

堀　潤

参考文献

大澤武男『ヒトラーとユダヤ人』講談社現代新書（1995）

アドルフ・ヒトラー著、平野一郎・将積茂訳『わが闘争』（上）（下）角川文庫（1973）

ノルベルト・フライ／ヨハネス・シュミッツ著、五十嵐智友訳『ヒトラー独裁下のジャーナリストたち』朝日選書（1996）

平井正『20世紀の権力とメディア』雄山閣（1995）

平井正『ゲッベルス』中公新書（1991）

ポール・ヴィリリオ著、石井直志・千葉文夫訳『戦争と映画』平凡社（1999）

瀬戸川宗太『戦争映画館』現代教養文庫（1998）

木坂順一郎『昭和の歴史⑦（太平洋戦争）』小学館ライブラリー（1994）

佐藤卓己『大衆宣伝の神話』弘文堂（1992）

日本ジャーナリスト会議編『マスコミの歴史責任と未来責任』高文研（1995）

飯室勝彦『メディアと権力について語ろう』リヨン社（1995）

柳澤恭雄『検閲放送　戦争ジャーナリズム私史』けやき出版（１９９５）
梶村太一郎・本多勝一他『ジャーナリズムと歴史認識』凱風社（１９９９）
奥武則『大衆新聞と国民国家』平凡社選書（２０００）
瀬川裕司『ナチ娯楽映画の世界』平凡社（２０００）
清水晶『戦争と映画』社会思想社（１９９４）
竹山昭子『戦争と放送』社会思想社（１９９４）
内川芳美・新井直之編『日本のジャーナリズム』有斐閣選書（１９８３）
毎日新聞社『毎日新聞百年史』（１９７２）
ＮＨＫ放送センター『ＮＨＫのあゆみ』（２０００）

〈著者プロフィール〉
堀 潤（ほり・じゅん）
1977年兵庫県生まれ。ジャーナリスト。立教大学文学部ドイツ文学科卒。2001年にNHK入局。「ニュースウオッチ9」リポーターとして主に事件・事故・災害現場の取材を担当。独自取材で他局を圧倒し、報道局が特ダネに対して出す賞を4年連続5回受賞。10年、経済ニュース番組「Bizスポ」キャスター。Twitterなどを駆使し、3.11後は原発事故原因や被災地の現状などについて独自の現場取材に基づく発信を続けたが、上層部の指示によってそのTwitterが閉鎖され、逆に多くの人の支持を得た。12年より、アメリカ・ロサンゼルスにあるUCLAで客員研究員。日米の原発メルトダウン事故を追ったドキュメンタリー映画「変身 Metamorphosis」を制作。13年よりフリーランス。NPO法人「8bitNews」代表。

僕らのニュースルーム革命
僕がテレビを変える、僕らがニュースを変える
2013年9月10日　第1刷発行

著　者　堀潤
発行人　見城 徹

GENTOSHA

発行所　株式会社 幻冬舎
〒151-0051　東京都渋谷区千駄ヶ谷4-9-7
電話　03(5411)6211(編集)
03(5411)6222(営業)
振替00120-8-767643
印刷・製本所：図書印刷株式会社

検印廃止

ISBN978-4-344-02447-2　C0095
幻冬舎ホームページアドレス　http://www.gentosha.co.jp/

この本に関するご意見・ご感想をメールでお寄せいただく場合は、
comment@gentosha.co.jpまで。